Collection folio junior

Titre original :
The Eye of the Dragon

Dave Morris

L'Œil du Dragon

Dragon d'Or/6

Traduit de l'anglais
par Lola Tranec-Dubled

Illustrations de Russ Nicholson

Gallimard

Sommaire

Comment combattre les créatures de la cité engloutie

Vous êtes un aventurier qui a sillonné une grande partie du monde connu. Votre insatiable besoin d'accepter les missions les plus risquées, de relever d'impossibles défis, votre goût pour le combat, vous ont amené à affronter les créatures les plus monstrueuses, des sorciers et des magiciens aux pouvoirs diaboliques, et bien d'autres adversaires étranges et terrifiants. Et toujours, vous êtes sorti vainqueur des combats que vous avez dû mener contre eux. Ces années d'aventures ont développé vos réflexes, votre habileté et votre force à un point tel que peu d'hommes seraient capables de vous résister en combat singulier. Et une fois encore, vous allez être amené à risquer votre vie, là où bien d'autres intrépides aventuriers ont échoué avant vous. Allez-vous vous montrer digne du surnom que vous ont fait mériter tous les exploits que vous avez accomplis ? Car voilà bien longtemps que nul ne connaît plus votre véritable nom, mais que tous tremblent devant le Dragon d'Or !

Endurance, Habileté et Psi

Avant d'entreprendre la nouvelle aventure qui vous attend, il vous faut tout d'abord déterminer vos forces et vos faiblesses. Deux dés, un crayon, une gomme et une feuille de papier sont tout ce dont vous allez avoir besoin pour cela. En pages 8 et 9, vous trouverez une Feuille d'Aventure sur laquelle vous pourrez inscrire tous les détails d'une partie. Nous vous conseillons de faire des photocopies de ces deux pages afin de pouvoir les utiliser lorsque vous jouerez à nouveau.

Lancez deux dés. Ajoutez 20 au chiffre obtenu, et inscrivez le total dans la case ENDURANCE de votre Feuille d'Aventure.

Lancez ensuite un dé. Ajoutez 3 au chiffre obtenu, et inscrivez le total dans la case HABILETÉ de votre Feuille d'Aventure.

Lancez à nouveau un dé. Ajoutez 3 au chiffre obtenu, et inscrivez le total dans la case PSI de votre Feuille d'Aventure.

Pour des raisons qui vous seront expliquées plus loin, les points d'ENDURANCE, d'HABILETÉ et de PSI changent constamment au cours de l'aventure. Vous devrez garder un compte exact de ces points, et nous vous conseillons, à cet effet, d'écrire vos chiffres très petits dans les cases et d'avoir votre gomme à portée de la main. Mais n'effacez jamais vos points de départ (ou total initial). Car, bien que vous puissiez obtenir des points supplémentaires d'ENDURANCE, d'HABILETÉ et de PSI, jamais ce total ne pourra excéder vos points de départ, sauf en de très rares occasions qui vous seraient alors signalées à un paragraphe particulier.

Vos points d'ENDURANCE traduisent votre force, votre volonté de survivre, votre détermination et votre forme physique et morale en général. Plus vos points d'ENDURANCE sont élevés, plus longtemps vous serez capable de survivre. Si, par malheur, votre total d'ENDURANCE devient égal à zéro, vous êtes mort, et il ne vous restera plus qu'à recommencer l'aventure à son point de départ.

Vos points d'HABILETÉ reflètent votre agilité. Et il vous faudra beaucoup d'habileté pour escalader des murs, franchir d'un bond puits ou abîmes, ou passer inaperçu auprès d'un trop grand nombre d'ennemis.

Avec vos points de PSI, vous saurez si vous pourrez résister aux sortilèges qui vous seront jetés, si vous êtes réceptif aux communications psychiques et, d'une façon générale, si vous avez suffisamment de volonté pour faire face à des situations devant lesquelles vous pourriez perdre votre sang-froid.

La Feuille d'Aventure

HABILETÉ	ENDURANCE	PSI
Total de départ = 9	*Total de départ* = 25 22	*Total de départ* =

ÉQUIPEMENT	SORTILEGES
Anneau de Lumière Epée 10 Pièces d'Or Outre pleine d'eau	1. Tigre de Feu 2. Confusion 3. Bourrasque 4. Télépathie 5. Bouclier de l'Esprit 6. Mirage 7. Frelons de la Mort 8. Spiritisme 9. Dague Flamboyante 10. Invulnérabilité 11. Esquive

CASES DES RENCONTRES AVEC UN MONSTRE

Endurance =	*Endurance =*	*Endurance =*
Endurance =	*Endurance =*	*Endurance =*
Endurance =	*Endurance =*	*Endurance =*
Endurance =	*Endurance =*	*Endurance =*

Combats

Il vous sera souvent demandé, au long des pages de ce livre, de combattre des créatures de toutes sortes. Parfois, vous aurez la possibilité de Fuir. Sinon, ou si vous décidez de toute façon de faire face à un adversaire, le combat se déroulera comme suit. Tout d'abord, vous inscrivez les points d'ENDURANCE de la créature dans une case vide des Rencontres avec un Monstre, sur votre Feuille d'Aventure. Les points d'ENDURANCE correspondant à chaque créature sont donnés dans le livre, chaque fois que vous faites une rencontre. Le combat se déroule alors ainsi :

1. Jetez les deux dés et comparez le chiffre obtenu avec les chiffres figurant sur le tableau que vous trouverez dans chaque paragraphe où vous devrez livrer combat.

2. Diminuez le total d'ENDURANCE de votre adversaire, ou le vôtre, du nombre de points qui sera alors précisé.

3. Commencez le deuxième Assaut en reprenant à l'étape 1. Et poursuivez ainsi jusqu'à ce que vos points d'ENDURANCE, ou ceux de la créature que vous combattez, aient été réduits à zéro (mort).

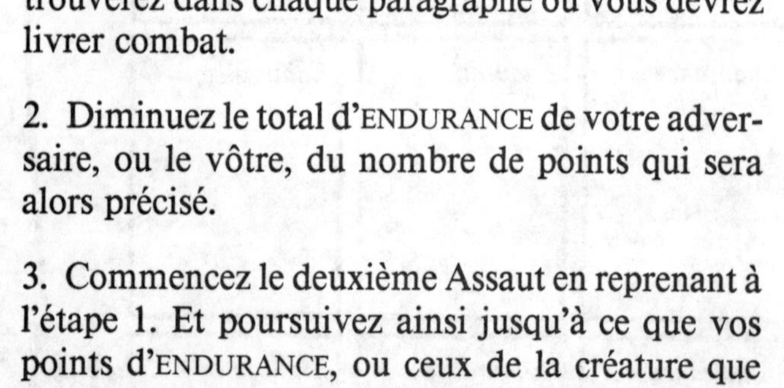

Fuite

A certaines pages, vous aurez la possibilité de Fuir un combat, s'il vous semble devoir mal se terminer pour vous. Si cette possibilité vous est donnée, et si vous en décidez ainsi, votre adversaire tentera de vous frapper dans le dos, au moment où vous ferez demi-tour. Jetez alors deux dés pour savoir si vous êtes blessé. Si le résultat obtenu est supérieur à votre total d'HABILETÉ, vous recevez un coup dans le dos, et vous perdez 3 points d'ENDURANCE. Mais si ce résultat est égal ou inférieur à votre total d'HABILETÉ, vous réussissez à Fuir sans dommage

Sortilèges

Pendant de nombreuses années, vous avez reçu l'enseignement des plus grands Maîtres de la magie. Aussi possédez-vous parfaitement les douze sortilèges qui vous seront indispensables pour mener votre aventure à bien. La plupart de ces sortilèges ne peuvent être utilisés que dans des cas extrêmement précis ; mais certains — les quatre derniers de la liste figurant ci-dessous —, pourront être lancés lorsque vous jugerez utile de faire appel à eux. Mais *attention :* un sortilège ne peut servir qu'une fois au cours de l'aventure. N'oubliez donc pas de modifier votre Feuille d'Aventure en conséquence.

Ces douze sortilèges sont les suivants :

1. **Le Tigre de Feu.** Le plus puissant de tous les sortilèges de combat. Il fait apparaître un être de feu et de flammes qui peut affronter un ou plusieurs adversaires à votre place. Il peut également rendre d'autres services, mais sans enthousiasme : sa véritable nature le poussant avant tout à combattre. Son existence est de courte durée, mais suffisante néanmoins pour triompher de tous les ennemis qui lui font face. Aussitôt après sa victoire, il disparaît.

2. **La Confusion.** Un sortilège qui a pour effet de troubler un adversaire à un point tel qu'il se met à errer dans un état de totale hébétude, égare son épée... oublie tout simplement de combattre. A n'utiliser que contre des êtres dénués d'intelligence.

3. **La Bourrasque.** Ce n'est certes pas le plus redoutable des sortilèges, mais il peut vous sauver la vie si vous l'utilisez à bon escient. Une fois lancé, il crée une formidable tempête qui souffle dans la direction de votre choix.

4. **La Télépathie.** Son effet est bref, mais permet cependant de détecter les pensées d'êtres ou de créatures dans un rayon d'une dizaine de mètres et de donner ainsi d'utiles renseignements sur la nature amicale ou hostile de qui est proche de vous. A noter que les animaux n'y sont pas sensibles.

5. **Le Bouclier de l'Esprit.** Très utile pour protéger l'esprit contre l'hypnose ou toute autre tentative visant à paralyser la volonté.

6. **Le Mirage.** Permet de matérialiser une image issue de votre imagination, pourvu qu'elle soit à l'échelle humaine. Ce sortilège ne dure qu'une minute environ, ce qui est suffisant pour déconcerter un adversaire ou, éventuellement, prendre la Fuite.

7. **Les Frelons de la Mort.** Simple mais efficace, ce sortilège appelle à la rescousse une nuée de Frelons furieux qui attaqueront vos adversaires. Effet de courte durée : une trentaine de secondes environ.

8. **Le Spiritisme.** Un sortilège à ne pas utiliser à la légère ! Il permet en effet d'évoquer l'esprit d'un mort et de matérialiser son fantôme qui répondra à toutes les questions que vous lui poserez, avant de retourner dans l'Au-delà. Vous ne pouvez cependant évoquer que l'esprit d'une personne que vous aurez connue de son vivant ou celui d'une personne dont vous aurez découvert le cadavre au cours de votre aventure. Mais attention : ce sortilège peut se révéler des plus dangereux si vous faites apparaître un fantôme hostile.

9. **La Dague Flamboyante.** Elle se matérialise dans les airs, sitôt le sortilège lancé et file droit vers la cible désignée qu'elle atteint sans faillir. Vous pouvez l'utiliser au début de n'importe quel combat

pour infliger à un ennemi une perte de 2 points d'ENDURANCE. Au cours de l'aventure, il vous sera proposé d'utiliser cette Dague en dehors des combats.

10. **L'Invulnérabilité.** Très brève, hélas : elle ne protège, en effet, que l'espace de quelques secondes, le temps de regagner les points d'ENDURANCE perdus après un Assaut malheureux. En aucun cas, ce sortilège ne peut protéger durant tout un combat, mais vous pourrez choisir de l'utiliser lorsque vous prendrez la Fuite. Dans ce cas, il sera impossible à un adversaire de vous frapper.

11. **L'Esquive.** Un sortilège qui peut être de la plus grande utilité lorsqu'il vous sera demandé de lancer les dés et de comparer le résultat obtenu à votre total d'HABILETÉ. Inutile alors de lancer les dés : agissez comme si le résultat était inférieur. Vous pouvez également utiliser ce sortilège lorsque vous prenez la Fuite pour éviter les coups d'un adversaire.

12. **La Guérison.** Ne peut être utilisée qu'en dehors des combats. Aussitôt lancé, ce sortilège vous fait gagner 15 points d'ENDURANCE. Cependant, comme votre ENDURANCE ne peut en aucun cas être supérieure à son Total de Départ, n'utilisez la Guérison que lorsque vous aurez perdu plus de 15 points d'ENDURANCE !

Vous savez tout, maintenant, sur les sortilèges dont vous allez disposer durant la mission qui vous attend. N'oubliez jamais que vous ne pouvez les utiliser qu'une seule fois : soyez donc digne des Maîtres qui vous les ont enseignés en ne les lançant qu'à bon escient.

Equipement

En explorant les ruines de Thalios, vous allez découvrir de nombreux objets (ou des armes). Certains se révéleront utiles, d'autres inutiles — voire dangereux. Néanmoins, tenez-en une liste précise · la plus anodine de ces trouvailles peut être d'une immense importance pour la réussite de votre mission.
Au début de l'aventure, vous possédez l'équipement suivant :

- une épée
- 10 Pièces d'Or
- l'Anneau de Lumière
- une Outre pleine d'eau

L'Anneau de Lumière est un puissant talisman que vous portez à votre cou. Il vous éclairera en cas de besoin, ce qui sera souvent indispensable, puisque la plus grande partie de votre aventure se déroulera dans les ruines obscures de Thalios !

L'aventure

Vous voici presque prêt à vous lancer dans l'aventure. Un dernier conseil, cependant.
Si nombreux sont les périls qui vous guettent que, même si vous avez mené à bien les différentes missions qui vous ont été proposées dans la série Dragon d'Or, il vous sera certainement impossible de résoudre l'énigme posée par l'Œil du Dragon lors de votre première tentative.
Vous possédez une carte de Thalios, consultez-la aussi souvent que nécessaire. Mieux encore : n'hésitez pas à y faire figurer votre itinéraire, à y noter les lieux où vous aurez découvert un objet, un trésor, où vous aurez lancé tel ou tel sortilège (avec le résultat obtenu). Ainsi, si vous échouez lors de votre première tentative, elle vous sera de la plus grande utilité lorsque vous recommencerez l'aventure pour vous emparer de l'Œil du Dragon, farouchement gardé par les sauvages Kappas — ces innommables créatures...

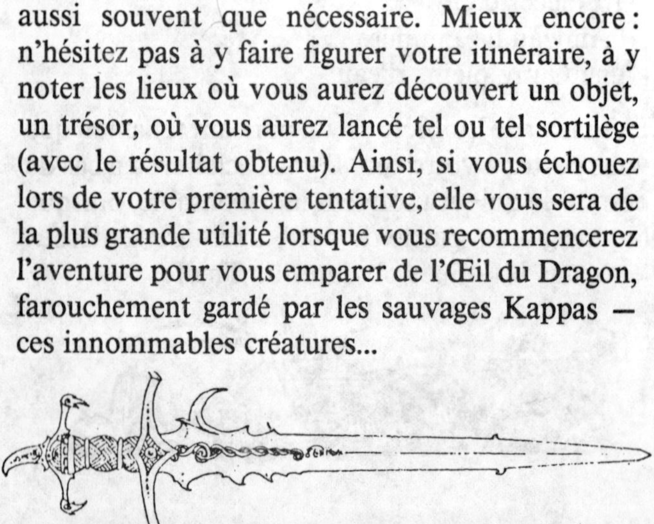

Thalios, la cité engloutie

Vous êtes assis à l'extrémité d'une longue table de chêne, dans la salle où siège le Conseil Supérieur des Hautes Révélations de la Cité d'Achtan. Autour de vous sont rassemblés les Vénérables, membres du Conseil. Dans une demi-pénombre à peine dissipée par la flamme tremblotante de torches fumantes, leurs sévères robes noires offrent un contraste saisissant avec les riches reflets d'azur de votre tenue d'apparat.

En fait, court a été votre repos à Achtan où vous pensiez trouver un peu de tranquillité après votre dernière mission : quelques jours s'étaient à peine écoulés depuis votre arrivée qu'un messager envoyé par le Conseil Supérieur a fait irruption dans votre auberge pour vous informer qu'une mission de la plus haute importance pourrait vous être confiée. Réputation oblige ! Pour commencer, on vous conviait à un festin...

N'étant pas personne à refuser une invitation de ce genre, vous avez accepté sur-le-champ. Mais grande a été votre surprise de vous retrouver à la place d'honneur.

Durant le repas — au demeurant fort animé, et aux conversations des plus spirituelles —, vous avez remarqué les questions habiles que l'on vous posait sur vos talents de magicien. Enfin, la table débarrassée de tous les mets succulents et des vins les plus fins, les visages se sont tournés vers vous. Et, dans les yeux de tous les Vénérables présents, vous avez deviné une telle inquiétude que, sans attendre, vous avez pris la parole.

— Messieurs, sans encore savoir ce que vous attendez de moi, je puis vous affirmer que je suis digne de mon rang de Preux Chevalier Magicien du Royaume d'En-Haut. Ce qui, j'ose l'espérer, ne vous surprendra pas.

Tous vous ont écouté dans le plus profond silence. Et, maintenant que vous vous êtes tu, ils échangent entre eux des regards entendus. Quelques minutes se passent avant que Maître Cortellio, maigre vieillard aux yeux perçants, vous réponde au nom du Conseil tout entier :

— Ainsi que vous l'avez deviné, notre invitation n'avait pas pour seule raison de nous assurer du plaisir de votre compagnie, quoique votre présence parmi nous soit un grand honneur. Notre but était autre : une mission à vous confier. Une mission que vous seul pouvez mener à bien.

C'est en savourant une nouvelle coupe d'un vin merveilleux que vous avez écouté votre interlocuteur. La dernière gorgée avalée, vous répondez avec la plus grande courtoisie :

— Comblé par votre hospitalité, il me serait diffi-

cile de me dérober. Mais en quoi, moi, et moi seul, puis-je vous être de la moindre utilité ?
— Avez-vous entendu parler de la cité de Thalios ? reprend Cortellio.
Et, sans vous laisser le temps de répondre, il poursuit :
— Thalios était une cité prospère, voilà quelques siècles. La richesse et le bonheur de ses habitants faisaient l'envie du monde civilisé. C'est alors qu'elle était au faîte de sa puissance que survint le désastre. D'après la légende, la population de Thalios aurait provoqué le courroux des dieux. A moins que les démons des profondeurs océanes aient juré sa perte... Toujours est-il que tremblements de terre et raz de marée s'acharnèrent sur la cité pendant des jours et des semaines. Les rares survivants rassemblèrent de maigres biens avant d'essayer de fuir ; mais il était trop tard : Thalios s'enfonçait inexorablement dans les eaux. Des vagues gigantesques s'engouffrèrent dans les rues, balayèrent les maisons, noyèrent tout ce qui restait de vivant...
De nos jours, Thalios n'est plus qu'un amas de ruines dressé sur une colline basse. A marée haute, elles sont cernées de toutes parts par les eaux. A marée basse, elles trônent au milieu d'une étendue désolée battue par les vents. S'il existe un lieu qui ne soit pas hospitalier, c'est bien celui-là.
— Je ne me hasarderais pas à vous contredire, répliquez-vous. Mais en quoi un tel lieu peut-il présenter un intérêt quelconque ?

— Récemment, le Conseil a envoyé une expédition archéologique explorer ces ruines. Une expédition placée sous les ordres du Savant Grand-Maître Girius et de son assistant, escortée de quelques hommes d'armes. Or, hier, l'assistant du Grand Maître Girius est revenu pour annoncer une nouvelle de la plus haute importance : l'expédition a découvert l'Œil du Dragon !

En entendant ces mots votre stupéfaction est telle que vous en lâchez presque la coupe qu'une fois de plus vous alliez porter à vos lèvres. L'Œil du Dragon est, en effet, un talisman d'une extraordinaire puissance. Nombreux sont les textes anciens qui le mentionnent mais, jusqu'à ce jour, vous avez cru qu'il ne s'agissait que d'une légende.

— Maître Girius a examiné l'objet sans le déplacer, ni même y toucher. Et, d'après ses premières conclusions, il ne fait aucun doute que le coffret renfermant l'Œil du Dragon est protégé par de nombreux sortilèges. Son avis est que, si nous désirons qu'il soit apporté ici, nous devons faire appel à un Grand Initié en Haute Sorcellerie. Vous connaissez maintenant la raison de votre présence parmi nous...

Maître Cortellio vous explique ensuite qu'un navire pourrait en quelques jours vous conduire non loin de Thalios où Girius vous attend déjà pour vous montrer sa découverte. Sans attendre la moindre réponse de votre part, il vous tend alors une carte de la cité. Vous vous en saisissez machinalement car, déjà, votre cerveau enfiévré échafaude des plans par dizaines ! Serez-vous le premier mortel, depuis des siècles, à contempler le talisman légendaire ? Pour vous, cela ne fait aucun doute.

— Eh bien, dites-vous d'un ton dégagé aux Vénérables du Conseil, voilà une mission qui s'annonce des plus plaisantes, et qui me changera — une fois n'est pas coutume — des dangers que j'ai affrontés jusqu'alors...

Et maintenant, tournez la page !

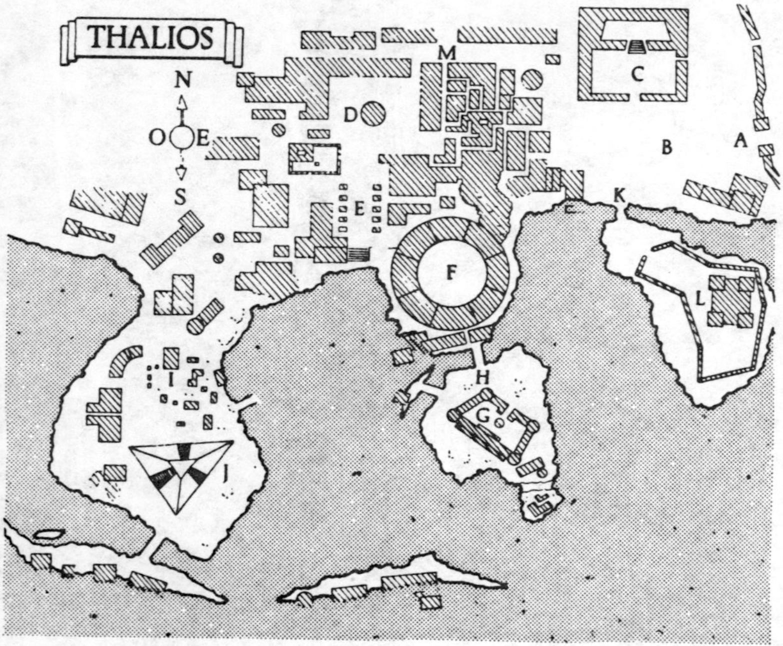

A Portes de la ville
B Place
C Temple de l'Epée
D Pantechnicum
E Allée des Sphinx
F Arènes
G Palais du Consul
H Pont Palatin
I Nécropolis
J Monument des Héros
K Pont des Crânes
L Donjon des Enigmes
M Carfax

1

Le Conseil a en effet affrété un navire pour vous faire accomplir la première partie de votre périple. Votre aventure commence donc de la façon la plus agréable qui soit : en passant vos journées à vous dorer au soleil sur le pont, tandis que l'équipage se démène pour obéir aux ordres du capitaine ! Les vents étant favorables, la grand-voile a été hissée et se détache toute blanche sur le ciel d'azur.

Au bout de quelques jours, le capitaine vous annonce qu'il ne peut aller plus loin, la navigation devenant trop dangereuse sur les hauts-fonds. Il doit vous débarquer. Et donc, vous allez devoir poursuivre votre route à pied jusqu'à Thalios.

D'après votre carte, vous n'en êtes plus éloigné que d'une douzaine de kilomètres. Une véritable promenade, si vous l'en croyez, en terrain plat et sur du sable mouillé. Néanmoins, tout en cheminant, vous ne pouvez vous empêcher de penser qu'à marée haute la mer recouvre toute cette partie du continent. Et une sourde inquiétude vous gagne alors que le soleil se rapproche de la ligne d'horizon : si votre carte comportait des inexactitudes, et que vous ne trouviez pas en temps voulu les ruines de Thalios... Vous en êtes là de vos réflexions quand, levant la tête, vous apercevez au loin la ligne sombre et déchiquetée des premières maisons de la ville. Poussant un soupir de soulagement, vous pressez le pas et, franchissant les portes de la cité, vous atteignez une esplanade pavée menant à Thalios au moment même où le soleil, telle une énorme boule de feu, disparaît à l'hori-

zon... allumant des éclairs rougeoyants sur les armures de quatre gardes qui s'avancent à votre rencontre. Ils portent les insignes du Conseil ; sans doute s'agit-il d'une escorte d'honneur envoyée par Maître Girius. Mais alors, pourquoi ont-ils tiré leurs épées du fourreau ? C'est d'un ton morne qu'un sergent vous ordonne :
— Suivez-nous. Maître Girius vous attend.
Quelle étrange attitude ! Allez-vous les suivre (rendez-vous au **31**), refuser en affirmant que vous pouvez vous rendre seul chez Maître Girius (rendez-vous au **227**) ou tirer votre épée et les attaquer (rendez-vous au **53**) ?

2

Possédez-vous une petite plaquette d'ivoire qui faisait office de ticket d'entrée aux Arènes ? Si oui, rendez-vous au **178**. Sinon, rendez-vous au **203**.

3

C'est sans la moindre peine que vous esquivez l'attaque trop molle du Kraken à la masse pesante. Rapidement hors d'atteinte, vous plongez dans l'eau nauséabonde et, en tâtonnant, vous vous glissez dans le tunnel que vous suivez du plus vite que vous le pouvez. Malheureusement, vous n'avez pas eu le temps de prendre une profonde inspiration et vous avez vite l'impression que vos poumons sont prêts à éclater. Enfin, vous atteignez l'extrémité du tunnel. Il était temps ! Au bord de l'asphyxie, vous faites surface et vous avalez goulument l'air frais à pleine aspiration. Puis, quelque peu revigoré, vous jetez un coup d'œil autour de vous. Vous devez vous trouver, sans le moindre doute possible, dans une cour intérieure située au centre de l'hôtel. Et, d'après ce que vous pouvez voir, il n'existe aucune issue possible, sinon le chemin par lequel vous venez d'arriver. Escalader les murailles qui cernent la cour vous demandera un sérieux effort mais... Vos réflexions sont brutalement interrompues par le contact gluant d'un tentacule qui vient de s'enrouler autour de l'une de vos chevilles. Votre panique est indescriptible. Comment l'abominable créature a-t-elle pu vous suivre ? Toujours est-il qu'elle y est parvenue, et que son corps flasque s'est propulsé vers vous dans cette maudite cour ! Toute fuite étant impossible, il vous faut combattre.

Jetez deux dés. Si vous obtenez :

2 ou 3	:	rendez-vous au **125** ;
de 4 à 6	:	vous avez reçu plusieurs blessures. Jetez à nouveau 2 dés, et déduisez le résultat obtenu de votre total d'ENDURANCE ;
de 7 à 12	:	Le Kraken perd 3 point d'ENDURANCE.

Si vous êtes vainqueur, vous rebroussez chemin et vous revenez à la cave. Rendez-vous au **271**.

4

Passant le portail béant, vous vous ruez à travers le hall obscur, vers la porte à double battant que vous essayez d'ouvrir avec des gestes maladroits. Ce faisant, vous jetez un coup d'œil par-dessus votre épaule, et un frisson vous parcourt l'échine en voyant, sur le perron illuminé par la lune, la silhouette menaçante de la statue qui avance d'un pas pesant vers vous. Enfin la porte s'ouvre, vous livrant passage, mais l'implacable bruit métallique se rapproche au rythme des pas de la statue. Vous devez faire appel à toute votre volonté pour retrouver votre calme et entreprendre lentement la traversée du puits sur la planche grinçante. Si votre total d'HABILETÉ est inférieur à 4, rendez-vous au **143**. S'il est égal ou supérieur, rendez-vous au **52**.

5

A vous d'être le plus rapide. Brandissant votre épée, vous vous jetez sur les deux Kappas. Leurs grotesques faces de carême restent dépourvues d'expression, mais leur attitude trahit leur peur.

Premier KAPPA	ENDURANCE : 9
Second KAPPA	ENDURANCE : 12

Jetez deux dés. Si vous obtenez :

de 2 à 4 : vous recevez deux blessures, ce qui vous fait perdre 6 points d'ENDURANCE ;

de 5 à 7 : vous recevez une blessure, et vous perdez 3 points d'ENDURANCE ;

de 8 à 12 : l'un des Kappas (à vous de décider lequel) perd 3 points d'ENDURANCE.

Si vous parvenez à éliminer l'un de vos adversaires, rendez-vous au **239**.

6

Tchou déplace les coquillages avec des gestes rapides comme l'éclair, mais vous êtes à peu près sûr de savoir sous lequel se trouve la perle. En ayant terminé, il vous considère maintenant avec un sourire suffisant. Si vous pensez vraiment pouvoir lui désigner le coquillage qui cache la perle, rendez-vous au **286**. Si vous préférez faire appel au sortilège du Mirage (à condition de ne pas l'avoir utilisé auparavant), rendez-vous au **261**.

7

Qu'allez-vous utiliser :

Une Outre pleine d'eau ?	Rendez-vous au **22**
Un Bracelet de Feu ?	Rendez-vous au **9**
Une paire de Rênes en cuir noir ?	Rendez-vous au **70**

Si vous ne possédez aucun de ces trois objets, il ne vous reste qu'à tirer votre épée et à livrer combat. Rendez-vous alors au **50**.

8

Rendu furieux par la mort de son compagnon, le second Kappa pousse un hurlement féroce et se rue sur vous.

Jetez deux dés. Si vous obtenez :

de 2 à 5 : il vous blesse et vous perdez 3 points d'ENDURANCE ;

de 6 à 12 : le Kappa perd 3 points d'ENDURANCE.

Si vous êtes vainqueur, rendez-vous au **44**.

9

Une flamme aveuglante surgit du Bracelet en direction du monstrueux démon qui aussitôt se dresse en poussant un hurlement. Alors une puissante vague déferle sur le sable éteignant dans l'instant le feu que vous avez créé, accompagnée du rire sardonique de Sacartch le Funeste. Le Bracelet ayant perdu son pouvoir, il ne vous reste plus qu'à dégainer votre épée. Le démon se rue à l'attaque. Rendez-vous au **50**.

10

Des langues de feu surgissent dans les airs et prennent, en quelques secondes, l'apparence d'un tigre embrasé. Les flammes grondent et crépitent autour de lui tandis qu'il bondit pour empêcher les Kappas de vous atteindre. De ses griffes acérées et incandescentes, il arrache des lambeaux de leur peau de corail grésillante, et leurs hurlements sont affreux à entendre. L'attaque n'a duré que quelques instants. Le Tigre a déjà disparu, laissant derrière lui un lieu jonché de restes déchiquetés et brûlés. Rendez-vous au **44**.

11

L'autre Gnome Gluant pousse un hurlement de désespoir en voyant son compagnon disparaître dans l'eau. Un hurlement si épouvantable qu'il vous semble que la Mort se trouve là, derrière votre épaule. Vous trouvez néanmoins la force de continuer le combat.

Jetez deux dés. Si vous obtenez :

de 2 à 6 : vous êtes blessé et vous perdez 3 points d'ENDURANCE ;

de 7 à 12 : le Gnome Gluant perd 3 points d'ENDURANCE.

Si vous êtes vainqueur, rendez-vous au **142**.

12

Le portique franchi, vous vous retrouvez dans un tunnel au diamètre imposant. Vous avez entendu dire que, autrefois, pendant les courses de chars, trois concurrents pouvaient y mener de front leurs équipages. Maintenant, vous le croyez sans peine. Tout en le parcourant, vous remarquez de nombreuses portes permettant d'accéder aux gradins. Enfin, vous pénétrez dans l'Arène. Juste en face de vous, à une centaine de mètres, s'ouvre un autre tunnel identique au premier. D'après votre carte, ce scrait un raccourci efficace pour atteindre le Pont Palatin. En jetant un rapide coup d'œil aux gradins de marbre, vous n'avez aucune peine à évoquer les foules hurlantes qui s'y pressaient au temps de gloire de la cité. On y donnait, en effet, des spectacles extraordinaires. Mais existait-il, en ces temps reculés, des aventures comparables à celle que vous vivez actuellement ? Vous haussez les épaules. Votre seule certitude est que vous êtes vivant, tandis que des hommes qui peuplaient Thalios il ne reste plus que poussière. Seule demeure, pour perpétuer leur souvenir, l'immense statue ailée qui se dresse dans un élan puissant devant la tribune d'honneur. Pas de Kappas en vue. Vous vous élancez en courant pour traverser l'Arène. Rendez-vous au **2**.

13

Vite, vous mordez dans le fruit. Aussitôt, vous êtes entouré par une soudaine obscurité, alors que le sinistre chant de Ligéa s'assourdit pour enfin se taire. Puis, les ténèbres commencent à se dissiper, révélant un personnage qui se tient immobile devant vous. A l'évidence, un sorcier si vous en croyez la robe dont il est revêtu. Son visage est d'une pâleur extrême, et il vous semble le voir frissonner tandis qu'il vous fixe de son regard perçant.

— Qui êtes-vous ? Comment êtes-vous arrivé ici ? lui demandez-vous d'une voix ferme.

Néanmoins, une sourde inquiétude vous gagne peu à peu.

12 *Juste en face de vous, à une centaine de mètres, s'ouvre un autre tunnel identique au premier.*

— Mais c'est moi qui dois poser des questions, répond le sorcier quelque peu décontenancé. Car c'est moi qui ai invoqué votre esprit par le pouvoir de mes sortilèges. Vous êtes mort voilà de nombreux siècles, empoisonné par un fruit vénéneux...

Il y a en effet des siècles que votre aventure est terminée.

14

Ce n'est guère le moment de vous livrer à des calculs subtils. Il faut attaquer le monstre à l'aide d'un de vos sortilèges les plus puissants. Allez-vous choisir le Tigre de Feu (rendez-vous au **191**), les Frelons de la Mort (rendez-vous au **98**) ou la Confusion (rendez-vous au **174**) ? Si vous avez déjà lancé les trois sortilèges, rendez-vous au **92**.

15

En ricanant, ils posent devant vous une planchette de forme hexagonale gravée de six figures : une Baguette de magicien, un Sablier, une Dague, un Alambic brisé, une Houlette et un Sac. Puis l'un des joueurs tire alors d'un coffret un doigt coupé et le jette au centre de la planchette. Pour jouer, explique-t-il, vous devez toucher le doigt qui se tortillera tout en se déplaçant d'un mouvement circulaire avant de s'arrêter face à l'un des symboles. S'ensuivra alors un événement particulier. Mais, pour participer à ce jeu, vous devez posséder encore au moins un sortilège, ainsi qu'une pièce d'équipement (en plus, bien entendu, de votre épée et de l'Anneau de Lumière). Si vous ne remplissez pas ces conditions, retournez au **42** et choisissez un autre des trois jeux. Si vous pouvez jouer au Doigt du Destin, vous touchez alors le doigt coupé qui se met aussitôt à se tortiller de façon écœurante.

— Le doigt bouge, le doigt bouge ! hurle l'une des créatures.

Devant quel symbole va-t-il s'immobiliser ?

Jetez un dé. Si vous obtenez :

1. La Baguette de magicien : vous regagnez un sortilège que vous avez déjà utilisé (à votre choix). Si vous n'en avez encore lancé aucun, il ne se passe rien.
2. Le Sablier : rendez-vous au **226**.
3. La Dague : vous perdez 3 points d'ENDURANCE.
4. L'Alambic : vous perdez un sortilège (vous choisissez lequel).
5. La Houlette : vous gagnez 3 points d'ENDURANCE.
6. Le Sac : vous perdez une pièce d'équipement (vous choisissez laquelle, à l'exception de votre épée et de l'Anneau de Lumière).

Si vous êtes encore en vie après une partie, et qu'il vous est encore possible de jouer, vous pouvez à nouveau tenter votre chance, si vous le désirez. Sinon vous pouvez revenir au **42** pour choisir un autre jeu, ou, si vous préférez, poursuivre votre chemin en vous rendant au **208**.

16

Vous pincez une à une les cordes de la Harpe, mais sans parvenir à produire la note désirée. En maugréant, vous remettez l'instrument dans votre sac, plus décidé que jamais à ouvrir cette maudite porte. Si vous avez en votre possession :

Une Statuette d'argent	Rendez-vous au **246**
Un Diapason	Rendez-vous au **81**
Une Potion dont vous ignorez les effets	Rendez-vous au **65**

Mais si vous n'avez rien de cela, il ne vous reste qu'à poursuivre votre chemin. Rendez-vous dans ce cas au **288**.

17

La planche grince de façon inquiétante tandis que vous avancez avec la plus grande prudence au-dessus du vide. Mais elle supporte néanmoins votre poids. Une sueur froide dégouline le long de votre colonne vertébrale lorsque, enfin, vous atteignez l'autre bord du puits. L'Anneau de Lumière perce les ténèbres, ce qui vous permet de constater que vous vous trouvez dans une galerie creusée dans le basalte. Cette galerie n'est pas très longue, et vous pouvez apercevoir, à son extrémité, un énorme masque blanc à l'expression tragique qui semble flotter dans les airs. Comme vous risquez quelques pas dans sa direction, ses yeux vides se mettent soudain à luire, alors que sa bouche s'étire dans un rictus diabolique. Un horrible hurlement s'élève tout à coup et un hoquet de terreur s'échappe de votre gorge serrée lorsque vous comprenez que vous faites face au Grener, le geôlier maudit. Ce masque est, en fait, une parodie de tête humaine qui vole maintenant vers nous en agitant sa crinière de corindon, dans l'intention évidente de vous tailler en pièces. Allez-vous l'affronter l'épée à la main (rendez-vous au **43**) ou préférez-vous faire usage de vos sortilèges (rendez-vous au **26**) ?

18

Vous franchissez le portail qui s'ouvre sur une cour plantée de bambous plus hauts que vous. Il est facile de vous y dissimuler jusqu'à ce que votre adversaire ait disparu ! Allez-vous maintenant traverser cette épaisse végétation en direction du corps de bâtiment principal (rendez-vous au **36**) ou préférez-vous revenir sur l'esplanade maintenant déserte (rendez-vous au **274**) ?

19

Le sortilège ne fait pas cesser les cris, hurlements et gémissements qui vous percent le tympan, mais vous n'éprouvez bientôt plus le sentiment de terreur qui vous paralysait. Entouré de votre faible halo de lumière, vous reprenez votre prudente progression. Soudain retentit, juste à côté de vous, une plainte déchirante, en même temps que des bras efflanqués, squelettiques, se tendent vers vous ; des mains semblables à des serres essayent de vous saisir. Dans la pénombre, vous apercevez vaguement des têtes de morts au rictus macabre. Étouffant un cri, vous vous ruez en avant... pour découvrir que vous avez déjà atteint l'extrémité du hall. Il vous semble avoir marché des heures entières pour en arriver là. Devant vous, des marches montent vers la lumière, et, sans hésiter, vous les grimpez en poussant un soupir de soulagement. Si vous n'aviez pas eu recours au sortilège du Bouclier de l'Esprit, nul doute que vous en seriez réduit à l'heure qu'il est à la plus délirante des folies ! Rendez-vous au **259**.

20

Bientôt, vous parvenez aux pieds de la muraille de la Citadelle, mais une brèche vous permet de la franchir sans grande difficulté. Enfin, vous atteignez une plage de galets où la mer se brise en paisibles vaguelettes. Une apparence trompeuse, vous n'en doutez pas, car vous imaginez des hordes de Kappas prêts à se ruer hors de leur empire sous-marin pour répandre partout le sang et la terreur. La lune luit faiblement, telle une perle noyée dans une brume humide, cachée de temps à autre par les sombres nuages qui défilent dans le ciel. En quel lieu de la ville en ruines Maître Girius contemple-t-il le même paysage tandis qu'il vous attend pour prendre possession de l'Œil du Dragon ? A moins que les Kappas ne l'aient déjà découvert et extrait de sa cachette pour l'entraîner avec eux au fond des mers... Vous n'avez pas une minute à perdre.

Le Palais du Consul se dresse devant vous, mais un bras de mer vous en sépare. Une centaine de mètres à traverser, c'est une courte distance avec une barque. Encore faudrait-il en posséder une ! Allez-vous longer la rive vers le sud, à la recherche d'une embarcation (rendez-vous au **72**) ou préférez-vous rester sur place pour réfléchir à un autre moyen de franchir ce bras de mer (rendez-vous au **179**) ?

21

Vous avez le choix entre deux sortilèges : la Télépathie (rendez-vous au **200**) ou la Bourrasque (rendez-vous au **112**).

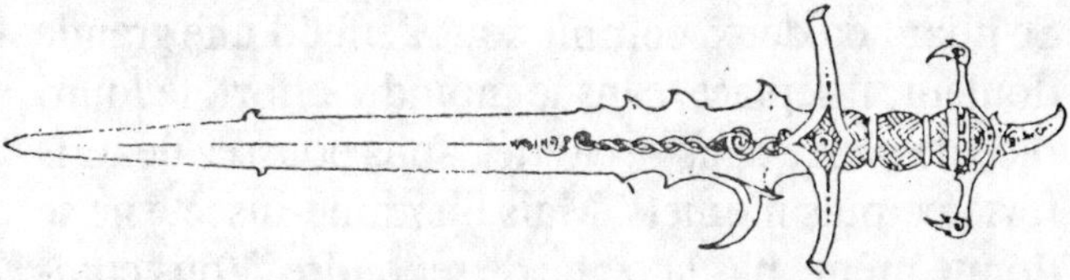

22

Rapide comme l'éclair, vous débouchez l'Outre et aspergez de son contenu le corps dépourvu de peau de Sacartch le Funeste. L'eau semble brûler comme de l'acide les flancs du monstre grotesque dont les chairs se boursouflent avant de se ratatiner. Il pousse un tel hurlement de rage et de douleur que vous en avez le cœur chaviré. En toute hâte, il plonge dans les eaux fraîches et salées de la mer et, fou de souffrance, s'y démène furieusement pour se débarrasser de l'eau douce. Vous l'attendez de pied ferme, l'épée hors du fourreau, mais la diabolique créature a renoncé au combat. Ses yeux rouges lancent des flammes et il vous injurie avant de disparaître dans l'onde obscure. Rendez-vous au **183**.

23

Saisissant le Médaillon, vous vous tournez vers le Baron pour le lui montrer. Mais votre surprise est grande lorsque vous l'entendez hurler, les traits déformés par la fureur :

— Cha alors, ch'est imposchible ! Mais ch'est un bijou de famille ! Vous chauriez pu prendre tout autre zchose avec ma bénédichion. Mais cha, non ! Et j'ai le regret de vous dire que vous m'avez offenché !

Se pliant en deux, comme sous l'effet d'une grande douleur, il replace, sans le moindre effort, le lourd bloc de pierre dans sa cavité. Vous poussez des cris furieux, puis inquiets. Mais l'homme-insecte ne se donne même pas la peine de répondre. Vous comprenez alors qu'il vous sera totalement impossible de vous libérer. Vous avez rendu la liberté à une créature démente qui vous a condamné à une affreuse mort lente par la faim et la soif. Vous avez échoué dans votre mission.

24

Un mouvement à l'autre bout de la cave vous fait sursauter. Une masse informe et marbrée surgit lentement de l'eau. Une immonde pieuvre dont les tentacules en s'agitant dessinent d'horribles ombres mouvantes sur les murs de pierre. Mais non ! ce n'est pas une pieuvre que révèle soudain l'Anneau de Lumière : en effet, à l'extrémité de

24 *Vous avez troublé le sommeil séculaire d'un Kraken et il va vous déchiqueter vivant.*

chacun de ses tentacules se crispe une main griffue. Le corps du monstre est semblable à un crâne bosselé aux yeux jaunâtres qui roulent dans des orbites creuses. C'est un Kraken, une abominable créature tapie dans les profondeurs de Thalios depuis la nuit des temps. Vous avez troublé son sommeil séculaire et il va vous déchiqueter vivant. Si vous voulez lui jeter un sortilège, rendez-vous au **129**. Sinon, rendez-vous au **110**.

25

Vous portez à vos lèvres la fiole dont vous avalez le contenu. L'effet est immédiat : vous voilà en état d'apesanteur ! La potion magique vous donne l'impression non plus de marcher, mais de glisser. Et c'est le cœur léger que vous vous déplacez au-dessus du bras de mer qui vous sépare du Palais du Consul. Vos pieds effleurent à peine la surface de l'onde. Pour un peu, vous feriez des cabrioles. Mais votre félicité est de courte durée : l'effet de cette potion est fugitif, et le poids de votre corps vous entraîne bientôt... vers un haut-fond de sable qui vous permet — juste à temps — d'échapper à la noyade. Vous voilà sauvé. Pour le moment tout au moins. Rendez-vous au **156**.

26

Quel sortilège allez-vous lancer :

La Bourrasque ? Rendez-vous au **292**

Les Frelons de la Mort ? Rendez-vous au **245**

Si vous avez déjà utilisé l'un et l'autre, rendez-vous au **43**.

27

Au fur et à mesure que vous descendez les marches, un froid glacial gagne tout votre corps, et vous devez vite vous rendre à une invraisemblable évidence : ce hall est plongé dans une sorte de brume qui absorbe la lumière. Bientôt les ténèbres vous submergent, et même la lueur émise par l'Anneau de Lumière n'éclaire que quelques centimètres devant vous. Vous progressez lentement en longeant le mur, l'estomac noué par la peur. Soudain s'élève non loin de vous un sinistre gémissement, suivi de vociférations démentes. Les cris se multiplient et proviennent maintenant de partout. Vous avancez à tâtons. Derrière le mur de ténèbres que votre Anneau de Lumière ne fait reculer que faiblement, votre imagination projette d'effroyables menaces. En proie à une terreur sans nom, vous poussez un hurlement de dément. Si vous n'utilisez pas immédiatement le Bouclier de l'Esprit, c'en est fait de votre raison. Si vous décidez de lancer ce sortilège, rendez-vous au **19**. Sinon, vous pouvez soit essayer de rebrousser chemin (rendez-vous au **47**), soit continuer d'avancer et ce, quelles qu'en puissent être les conséquences (rendez-vous au **287**).

28

La pluie redouble d'intensité et, poussée par de violentes rafales de vent venant de la mer, elle vous cingle cruellement le visage. Vous avancez maintenant entre deux rangées de sphynx en marbre. De temps à autre, la lune surgit entre les sombres nuages, baignant d'une lueur blanchâtre les statues à l'expression sévère et énigmatique. Sur leurs joues de marbre les gouttes de pluie sont semblables à des larmes. De quels spectacles n'ont-ils pas été les témoins immobiles au cours des âges ! Que de secrets se presseraient sur leurs lèvres s'ils pouvaient parler ! Mais vous n'avez guère le temps de penser à ces choses. Maître Girius vous attend, caché quelque part dans les ruines de Thalios. Rendez-vous au **210**.

29

Les doigts du Sergent se referment avec des crispations spasmodiques sur votre manche. Il parle d'une voix rauque, à peine audible :

— Des créatures démoniaques — les Kappas — sorties de l'eau... nous ont attaqués... De nombreuses victimes... Maître Girius a trouvé un refuge dans le vieux Palais du Consul, au sud-ouest... Des patrouilles de Kappas quadrillent la ville... On nous a envoyés pour vous amener à Maître Girius... mais les Kappas nous ont vus et l'un

d'eux nous a hypnotisés et commandé de vous attaquer...
Le Sergent use ses dernières forces pour vous tirer encore plus près. Il halète :
— Ne les laissez pas s'emparer de l'Œil !
Il s'affaisse et expire dans un râle. Vous recouvrez son corps avec son manteau, tout en réfléchissant à ses dernières paroles. Les Kappas, vous en avez entendu parler. Ce sont des êtres malfaisants qui hantent les fonds sous-marins. Ils haïssent toute créature vivante et seul l'attrait du pillage ou du massacre les pousse à quitter leur retraite. Parmi leurs chefs, certains sont doués d'un pouvoir d'hypnose, ce qui explique pourquoi ces infortunés gardes vous ont attaqués. D'un regard, vous embrassez la ville qui se dresse non loin de vous et vous décidez de faire payer cher aux Kappas leurs méfaits. Mais avant tout, il vous faut trouver Maître Girius. Rendez-vous au **48**.

30

Sitôt le sortilège lancé, le Tigre surgit devant vous et promène sa langue de feu sur le métal. La plaque ne tarde pas à rougir, et votre épée tombe en résonnant sur le sol du tunnel. Tandis que vous attendez qu'elle refroidisse, le tigre disparaît. L'épée au fourreau, vous continuez votre chemin. Rendez-vous au **308**.

31

Prudemment, vous vous approchez du Sergent dont l'expression ennuyée se transforme soudainement en un rictus cruel, en même temps qu'il vous assène un violent coup d'épée à l'épaule. Il vous en coûte 3 points d'ENDURANCE. Abasourdi par cette attaque inattendue, vous regardez couler votre sang sur le sol humide. Puis vous tirez péniblement votre épée de son fourreau. Rendez-vous au **53**.

32

Le sortilège lancé, une légère brume se forme au-dessus du squelette et, lentement, prend la forme d'un homme âgé, vêtu de la robe caractéristique des sorciers.

— Partons vite, gémit-il d'une voix qui vous glace le sang. Je flaire par ici un grand danger.

— Vous êtes mort, répondez-vous, et mort depuis bien longtemps. Je vous ai invoqué, car peut-être avez-vous quelques renseignements de la plus haute importance à me communiquer...

— Ah soupire le fantôme ! Retournez d'où vous venez. Quittez ces lieux maudits sans attendre. Vous ne trouverez ici que le souvenir des braves vaincus par les ténèbres infernales...

Vous ne pouvez vous empêcher de contempler le pitoyable squelette affalé à terre. Le temps que vous releviez les yeux, le fantôme a disparu. Allez-vous suivre son conseil et quitter cette demeure maléfique (rendez-vous au **88**) ? Mais vous pouvez également essayer d'ouvrir la porte (rendez-vous au **132**) ou reprendre votre marche dans le couloir (rendez-vous au **171**).

33

Si toutefois vous ne les avez pas déjà utilisés, vous pouvez lancer le sortilège du Tigre de Feu (rendez-vous au **10**) ou le sortilège des Frelons de la Mort (rendez-vous au **64**). Mais, si vous ne possédez ni l'un ni l'autre, rendez-vous au **309** pour combattre l'épée à la main.

34

Alors que vous n'êtes plus qu'à quelques pas du chef Kappa, le champ de force cède dans un claquement sec, révélant une petite colonne d'ivoire sculptée au sommet de laquelle repose un coffret. Le chef Kappa a visiblement perdu une partie de son pouvoir dans l'effort qu'il a fourni pour détruire le champ de force de Maître Girius. Le voyant chanceler, vous bondissez sur lui et, d'un coup d'épaule, vous le projetez à terre. Mais, au moment où vous allez vous emparer du coffret, il empoigne le bas de votre robe et vous attire à lui. L'espace d'un instant, il vous semble que de fulgurants éclairs jaillissent de ses yeux de perle à l'intense éclat gris. C'est alors qu'une affreuse douleur vous vrille le cerveau. Les mains collées sur les oreilles, vous tentez de résister au supplice de cette attaque mentale. A moins de trouver dans la seconde une parade efficace, le Kappa va vous hypnotiser. Si vous possédez un Flacon de Vinaigre, rendez-vous au **289.** Si vous préférez vous fier au sortilège du Bouclier de l'Esprit, rendez-vous au **78.** Mais si vous ne possédez ni l'un ni l'autre, rendez-vous au **263.**

35

Possédez-vous au moins une Pomme d'Or ? Si oui, rendez-vous au **68**. Sinon, rendez-vous au **55**.

36

A grands coups d'épée, vous vous frayez un chemin à travers les bambous jusqu'à un bâtiment massif qui ressemble bien à un ancien temple. On y accède par un escalier monumental. Après l'avoir gravi en quelques bonds et franchi un porche flanqué de colonnades, vous pénétrez dans un vaste hall où règne une lugubre pénombre. L'Anneau de Lumière, suspendu à votre cou, vous est maintenant d'une aide précieuse. Quel spectacle de désolation ! Les torchères en fer forgé où brûlait la flamme éternelle sont depuis longtemps refroidies et rouillées. Quant à l'armure d'argent massif dont est parée l'idole du dieu-guerrier qui trône au centre de la salle, elle est lamentablement ternie. Dans le péristyle à colonnades se glissent de furtifs rayons de lune. Si vous désirez ne pas vous attarder dans cet endroit et regagner l'esplanade, rendez-vous au **274**. Mais si vous choisissez de rester en ce lieu, allez-vous faire une offrande à l'idole (rendez-vous au **295**) ou rallumer la flamme des torchères (rendez-vous au **106**) ?

37

Vous auriez dû vous méfier : de longs siècles se sont écoulés depuis l'époque qui a vu la splendeur de Thalios. Des siècles qui ont miné les ruines qui, seules, en sont témoins. Tandis que vous vous dirigez vers le mystérieux bloc à l'aspect cristallin, la toiture cède brusquement sous votre poids. Jetez deux dés. Si le résultat obtenu est égal ou inférieur à votre total d'HABILETÉ, rendez-vous au **90**. Si ce même résultat est supérieur, rendez-vous au **181**.

38

Vous venez de faire irruption dans une salle au plafond bas et voûté, où chacun de vos pas déplace des nuages de poussière séculaire. Votre glissade vertigineuse vous a sans doute propulsé dans les sous-sols d'un bâtiment situé au nord de la place où se dresse le Pantechnicum. Les Kappas doivent vous croire mort, puisque aucun ne s'est lancé à votre poursuite. A la lumière de l'Anneau, vous remarquez les premières marches d'un escalier montant vers les étages supérieurs. Pour échapper le plus vite possible à l'épaisse poussière qui envahit vos poumons, vous vous y précipitez, non sans bousculer au passage des amoncellements de caisses d'où tombent des piles de vieux parchemins. Rendez-vous au **103**.

39

D'un bond, le Kappa porteur de l'étrange cylindre se relève et fait quelques pas en arrière en direction de la grille. Son compagnon s'est redressé lui aussi et, les traits déformés par la rage, il se précipite sur vous.

KAPPA ENDURANCE : 12

Jetez deux dés. Si vous obtenez :
de 2 à 5 : vous perdez 3 points d'ENDURANCE ;
de 6 à 12 : le Kappa perd 3 points d'ENDURANCE.

Si vous êtes vainqueur, rendez-vous au **59**.

40

Le souffle court, vous vous appuyez contre la paroi du tunnel pour reprendre vos esprits. Dans l'Arène, vous voyez votre sinistre adversaire qui vole en décrivant des cercles menaçants, tout en poussant des cris furieux qui résonnent de façon lugubre dans la nuit. Le tunnel est assez large pour lui permettre de déployer ses ailes, mais il comprend sans doute que l'endroit est mal choisi pour vous attaquer. Dans un battement d'ailes, il retourne se poser sur son perchoir et, lentement, reprend sa position première. Les foules qui se pressaient autrefois dans les Arènes ont-elles jamais eu l'occasion de contempler pareil spectacle ? Mais l'heure n'est pas aux questions. Vous avez une mission urgente à accomplir. D'un pas décidé, vous traversez le tunnel qui débouche dans un quartier désert. Rendez-vous au **240**.

41

Les abords de la citadelle disparaissent sous les mauvaises herbes. Devant vous pendent, hors de leurs gonds, les massives portes de bronze qui en gardaient l'entrée. Une invite à y pénétrer pour découvrir les secrets et les trésors que vous imaginez cachés là, dans ses profondeurs. A la pâle lueur de la lune, vous jetez un coup d'œil au-delà du gigantesque portail, et malgré vous un frisson vous saisit. Allez-vous affronter les dangers qui, à l'évidence, vous guettent en ces lieux (rendez-vous au **102**) ou préférez-vous vous précipiter vers le sentier qui descend sur la côte ouest de l'île (rendez-vous au **20**) ?

42

Votre décision provoque à l'évidence la joie de l'horrible trio. Un vieux livret de règles est apparu comme par magie dans les mains de l'un d'eux. Quant à vous, vous restez prudemment hors des limites du pentacle. Les trois créatures vous proposent trois jeux. Allez-vous choisir :

L'Embrouille ?	Rendez-vous au **235**
Le Doigt du Destin ?	Rendez-vous au **15**
Le Clic-Pic ?	Rendez-vous au **77**

43

Le Grener n'est plus qu'à quelques mètres de vous lorsque vous dégainez votre épée.

GRENER	ENDURANCE : 9

Jetez deux dés. Si vous obtenez :

de 2 à 6 : vous êtes blessé et vous perdez 3 points d'ENDURANCE ;
de 7 à 12 : le Grener perd 3 points d'ENDURANCE.

Il vous est possible de prendre la Fuite en faisant demi-tour. Dans ce cas, rendez-vous au **153.** Mais si vous préférez mener le combat à son terme, et si vous êtes vainqueur, rendez-vous au **119**.

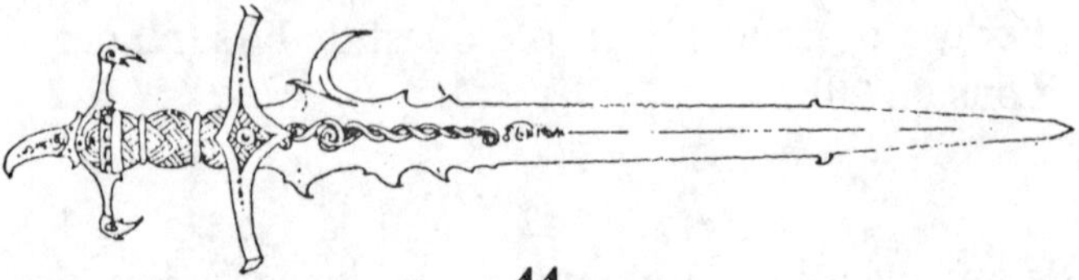

44

Vous avez réglé leur compte à leurs cruels maîtres, mais il vous reste à affronter les Sentinelles Craboïdes. Au bout de longs pédoncules, leurs yeux globuleux vous surveillent, tandis qu'ils font claquer leurs pinces monstrueuses avec une impatience qui ne présage rien de bon. A présent, ils s'approchent, menaçants, et vous faites mine de reculer. Mais soudain, dans un élan puissant, vous bondissez sur le dos d'une de ces ignobles créatures. Les deux autres tentent de vous attraper les chevilles avec leurs pinces, et votre adversaire, gêné par votre présence sur sa carapace, se méprend sur les mouvements de ses congénères : il se croit attaqué par eux ! Fou de rage, il agite frénétiquement ses pinces dans leur direction. Voilà qui vous permet de vous éclipser sans dommage. Et vous éclatez de rire en pensant à la stupidité de ces monstruosités Craboïdes. Rendez-vous au **128.**

45

Quel sortilège allez-vous utiliser ?

Le Tigre de Feu ? Rendez-vous au **157**

Les Frelons de la Mort ? Rendez-vous au **139**

46

Devant vous, à la surface des vagues, apparaît le corps transparent d'un pirate à la mine patibulaire. Sa veste de velours pend lamentablement sur ses épaules comme un suaire humide. Sa barbe hirsute et emmêlée évoque des algues desséchées.

— Qui est là ? demande-t-il d'une voix sans timbre. Qui me rappelle en ce bas-monde, alors que je me trouvais si bien dans l'Au-delà ?

Et il éclate d'un rire morne et sardonique. Vous lui répondez d'une voix forte, espérant qu'il ne remarquera pas votre terreur.

— C'est moi qui vous convoque pour vous mettre à ma disposition. Je dois traverser cette baie afin de pénétrer dans l'ancien palais qui se dresse là-bas. Indiquez-moi le moyen d'y parvenir, je vous l'ordonne.

— Vous m'ordonnez ! gronde le fantôme. Personne n'a jamais osé commander de son vivant Black Jack le loup de Mer, saperlipopette ! Vous n'avez qu'à prendre ma barque attachée à la jetée. Les rames sont cachées sous un buisson.

Les contours du fantôme s'estompent en frémissant, mais il a le temps de lancer :

– Quc ta peur t'accompagne en enfer, maudit humain !
Rendez-vous au **220**.

47

Non sans mal, vous revenez à l'escalier que vous escaladez à toute allure. Et c'est tremblant que vous retrouvez, enfin, la lumière rougeâtre émise par les petits braseros suspendus au plafond. L'aventure vous fait néanmoins perdre 1 point d'ENDURANCE. Dans l'alcôve se trouve toujours le coquillage, et vous pestez en imaginant l'objet de valeur qu'il doit forcément contenir. Mais rien ne pourrait vous forcer à retourner en arrière. Vous vous accordez quelques minutes de repos puis, quittant le hall, vous reprenez votre marche dans le couloir. Rendez-vous au **171**.

48

En hâte vous traversez l'esplanade au vieux dallage disjoint et couvert d'algues glissantes. Par endroits, des flaques d'eau de mer stagnent là où les dalles se sont affaissées. A l'horizon, le soleil semble maintenant en équilibre. Les ombres s'allongent. Le crépuscule approche. La lune ne va pas tarder à se montrer, amenant avec elle la marée dont les eaux vont submerger la plupart des rues, rendant difficile votre progression à travers Thalios. Et c'est en frissonnant que vous vous mettez en quête de Maître Girius.
Soudain, il vous semble apercevoir une ombre se profiler au loin. Vite, vous vous dissimulez der-

48 *Vous distinguez une forme présentant un vague aspect humain et dont le corps est un enchevêtrement de coraux.*

rière une colonne brisée et, bientôt, vous distinguez une forme décharnée présentant un vague aspect humain, aux membres munis de nombreuses articulations s'agitant en tous sens à chaque pas. Dans les dernières lueurs du jour, vous remarquez que ses yeux globuleux sont en fait des perles blanches et que son corps est un enchevêtrement de coraux. Un Kappa ! Il se dirige droit vers vous. Allez-vous vous précipiter vers le portail d'un grand bâtiment tout proche — que vous reconnaissez comme étant le Temple des Épées de votre carte (rendez-vous au **18**) ou préférez-vous attendre que le Kappa se rapproche pour lui livrer combat (rendez-vous au **268**) ?

49

Ce monstre au corps mou est de la plus extrême maladresse lorsqu'il est à terre, mais la terreur qui l'habite le rend des plus dangereux, et il vous attaque avec toute la sauvagerie d'une bête féroce aux abois.

REPTILE VOLANT ENDURANCE : 12

Lancez deux dés. Si vous obtenez :

de 2 à 5 : vous êtes blessé et vous perdez 3 points d'ENDURANCE ;

de 6 à 12 : le Reptile volant perd 3 points d'ENDURANCE.

Si vous êtes vainqueur, vous vous engouffrez dans le tunnel qui débouche dans un quartier désert. Rendez-vous au **240**.

50

Sacartch le Funeste dévie votre première attaque d'un violent coup de sabot qui fait jaillir des étincelles de votre vaillante lame. Malgré vos pouvoirs de magicien, vous n'êtes qu'un mortel et vous affrontez le Seigneur Démoniaque de l'Océan.

SACARTCH LE FUNESTE ENDURANCE : 21

Lancez deux dés. Si vous obtenez :
de 2 à 8 : vous êtes blessé et vous perdez 4 points d'ENDURANCE ;
de 9 à 12 : Sacartch le Funeste perd 3 points d'ENDURANCE.

Inutile de vouloir prendre la Fuite. Maintenant que vous avez eu la témérité de l'attaquer, Sacartch le Funeste ne vous lâchera plus. Si vous êtes vainqueur, rendez-vous au **183**.

51

La porte s'ouvre, et vous pénétrez dans une sorte de réduit où règne une odeur de saumure. Une couche épaisse de sel fait briller les murs comme de la gelée blanche. Au fond de ce réduit, vous apercevez une solide grille en fer forgé et, derrière, une paire de rênes en cuir noir suspendue à un clou. Vous approchant de la grille, vous la secouez pour en éprouver sa solidité : elle est solide ! Malgré votre force, il vous est impossible de la bouger d'un pouce. Si vous possédez une fiole d'albâtre contenant une potion dont vous ignorez les effets, rendez-vous au **137**. Sinon, il ne vous reste rien d'autre à faire que de quitter ce réduit et de vous engager dans le couloir qui lui fait face (rendez-vous au **93**).

52

Il faut avouer que, même si vous êtes maintenant séparé du guerrier de bronze par ce profond puits, vous n'êtes guère rassuré ! D'autant plus que la massive statue vient de franchir la porte et qu'elle s'engage à présent sur la planche. Dans un craquement sec, le léger pont de bois cède sous le poids trop important de la créature de métal qui, l'espace d'un instant, paraît rester suspendue au-dessus du vide avant de disparaître dans le puits, provoquant un « plouf ! » retentissant au moment où elle s'enfonce dans l'eau. Vous l'avez échappé belle ! Mais votre satisfaction est de courte durée, car comment allez-vous faire pour traverser ce puits ? La planche a, en effet, disparu avec la statue ! Si vous possédez une Potion d'Apesanteur, rendez-vous au **111**. Sinon, rendez-vous au **134**.

53

Alors que vous vous préparez au combat, vous remarquez une étrange lueur dans les yeux des quatre hommes. Ils doivent être fous ! Ou alors sous l'emprise d'un maléfice !

SERGENT	ENDURANCE : 12
Premier GARDE	ENDURANCE : 9
Deuxième GARDE	ENDURANCE : 9
Troisième GARDE	ENDURANCE : 9

Lancez deux dés. Si vous obtenez :

2	:	vous recevez quatre blessures qui vous font perdre 12 points d'ENDURANCE ;
3 ou 4	:	vous recevez trois blessures et vous perdez 9 points d'ENDURANCE ;
5 ou 6	:	vous recevez deux blessures et vous perdez 6 points d'ENDURANCE ;
7	:	vous recevez une blessure et vous perdez 3 points d'ENDURANCE ;
de 8 à 12	:	l'un des gardes (à vous de choisir lequel) perd 3 points d'ENDURANCE.

Lorsque vous aurez vaincu un garde, rendez-vous au **196** (mais n'oubliez pas de noter sur votre Feuille d'Aventure les points d'ENDURANCE restant à ses compagnons).

54

Vous demeurez sur le qui-vive : peut-être y a-t-il d'autres Kappas à proximité ? Prudemment, vous traversez l'esplanade et vous vous faufilez dans l'ombre épaisse du Pantechnicum. Cet énorme bâtiment abritait autrefois nombre d'objets d'art dont certains avaient la réputation d'être magiques. Furtivement, vous jetez un coup d'œil à travers les barreaux de l'imposante grille qui en protège encore l'entrée, mais il vous est impossible de discerner quoi que ce soit dans les ténèbres. Loin au-dessus de vous, un albatros solitaire pousse un cri désolé et glisse dans un vol velouté à travers le ciel nocturne. Après une brève hésitation, vous pesez sur les grilles qui s'écartent, à votre grande satisfaction, dans un grincement de gonds rouillés qui résonne dans toute la place. Du coup vous faites la grimace : si un Kappa se trouve dans les environs, votre compte est bon ! Sans perdre une seconde, vous pénétrez dans le bâtiment. Rendez-vous au **192**.

55

L'air accablé, Girius s'éloigne de vous et, posant ses mains sur la table dans un geste de résignation, il dit, la tête basse :
— Nous ne disposons ici d'aucun moyen pour approcher de l'Œil du Dragon. Les Kappas vont s'en emparer et l'entraîner dans leur royaume sous-marin. Nous avons échoué.
Un silence pesant règne maintenant dans la pièce. Car vous savez tous les quatre que, dans quelques heures, les Kappas auront quitté Thalios, triomphants. Sans doute pourrez-vous quitter ces lieux sain et sauf. Mais après une défaite des plus cuisantes...

56

Sur une face de la plaquette d'ivoire sont gravés des caractères anciens. Vous n'êtes pas expert en la matière, mais vous parvenez néanmoins à déchiffrer : « Entrée 1 personne. » Vous vous rappelez alors que la population de Thalios utilisait ces plaquettes pour accéder aux Arènes. Vous la glissez dans l'une de vos poches avant de vous diriger vers la porte. Rendez-vous au **208**.

57

Votre concentration est telle que vous tremblez de tout votre être. Néanmoins, vous parvenez à surmonter les effets du mystérieux sortilège. Notez cependant que cet effort vous coûte 1 point de PSI. Inutile de s'attarder pour faire l'expérience des autres pouvoirs magiques de l'araignée : d'un bond, vous franchissez la porte qui reprend aussitôt sa place dans le mur. En poussant un soupir de soulagement, vous poursuivez votre chemin dans le couloir. Rendez-vous au **288.**

58

Sous l'effet de la bourrasque que vous venez de déclencher, les grilles se referment brutalement, expédiant les Kappas cul par-dessus tête en plein milieu du hall. Vous pouvez en profiter pour les attaquer (rendez-vous au **39**) ou pour vous précipiter vers le toboggan (rendez-vous au **116**).

59

Pendant toute la durée du combat, l'autre Kappa est resté sur le seuil du Pantechnicum, d'où il a appelé des renforts en poussant les feulements rauques et sinistres qui servent de langage à ces habitants des fonds marins. D'autres feulements se font entendre maintenant, annonçant sans le moindre doute possible l'arrivée imminente d'une troupe de ces immondes créatures. Brusquement, le Kappa se tourne vers vous, son cylindre pointé dans votre direction. Sans perdre une seconde, vous vous précipitez vers le toboggan dans l'ouverture duquel vous plongez littéralement, au moment même où une nouvelle décharge d'énergie claque derrière vous. Il était temps ! Mais vous n'avez guère le loisir de vous réjouir : rien ne freine votre descente vertigineuse le long de la pente parfaitement lisse. Et, si vous ne réagissez pas, votre réception va être douloureuse... Aussi, allez-vous tenter d'amortir votre chute (rendez-vous au **189**) ou préférez-vous lancer un sortilège (rendez-vous au **214**) ?

60

C'est une Sentinelle Craboïde qui vient ainsi de se ruer sur vous. Un crabe géant dressé par les Kappas pour leur servir de chien de garde. Heureusement, ces créatures ne sont guère redoutables, et vous vous débarrassez vite de votre agresseur d'un coup d'épée bien placé. Malheureusement, il n'était pas seul... Bientôt, vous êtes entouré d'une multitude de ces répugnants crustacés qui s'approchent de leur démarche oblique. En fait, il en sort de partout ! Impossible de les combattre. Inutile, également, de vouloir lancer un sortilège ; ce serait le gâcher. Mieux vaut fuir le plus rapidement possible. Mais fuir dans quelle direction ? Vite, vous consultez votre carte et vous en venez à la conclusion que vous n'avez guère le choix : ou bien vous vous précipitez en direction du sud, vers l'Allée des Sphinx (rendez-vous au **158**) ou bien vous vous enfoncez à nouveau dans le dédale de ruelles, en espérant retrouver le Temple des Épées et l'Esplanade (rendez-vous au **85**).

60 *Vous êtes entouré d'une multitude de Sentinelles Craboïdes qui s'approchent de leur démarche oblique.*

61

Cette statue ne vous dit rien qui vaille. Et vous avez raison de vous méfier car, soudain, dans de sinistres craquements, elle commence à lentement s'animer. Lourdement, elle descend de son socle et c'est le cœur battant à tout rompre que vous la voyez se diriger vers vous, l'épée dans sa main droite. Allez-vous lui livrer combat ? Rendez-vous dans ce cas au **260**. Mais, si vous préférez vous enfuir, rendez-vous au **223**.

62

L'intérieur de ce palais est un véritable labyrinthe de halls et de couloirs, et vous réalisez que ce ne sera pas chose facile d'y découvrir Maître Girius. Heureusement, comme tous les nobles magiciens de votre race, vous êtes doué d'une sorte de sixième sens. Il peut vous aider, mais ne sera certainement pas suffisant en cette occasion. Mieux vaut faire appel au sortilège de Spiritisme, si vous le possédez encore. Quel fantôme allez-vous évoquer :

Un garde qui vous attendait aux portes de la ville ? — Rendez-vous au **264**

L'homme dont le squelette gît à vos pieds ? — Rendez-vous au **89**

Si vous avez déjà lancé ce sortilège, rendez-vous au **242**.

63

Portez-vous le Gantelet ? Si oui, rendez-vous au **121**. Sinon, rendez-vous au **161**.

64

Vous avez fait le mauvais choix ! Les Kappas sont recouverts en effet d'une carapace épaisse et lourde et ils traversent sans dommage le terrible essaim de Frelons de la Mort dont le bourdonnement furieux ne les trouble guère. Vous n'avez même pas le temps de parer leurs coups : leurs cimeterres acérés vous causent d'horribles blessures qui vous font perdre 6 points d'ENDURANCE. Si, après cette épreuve, vous êtes toujours vivant, rendez-vous au **309**.

65

Vous débouchez la fiole et, sans hésiter, vous en avalez le contenu dont la consistance sirupeuse vous fait grimacer. Le résultat est foudroyant : vous sentez décupler votre énergie. Vous comprenez alors que vous venez d'absorber un Elixir de Vigueur. Cependant, vous avez beau peser sur la porte de toute cette force nouvelle, elle ne s'ouvre pas. Bientôt l'effet de la potion s'estompe. Maintenant, si vous possédez un Diapason, vous pouvez l'utiliser en vous rendant au **81**. Sinon, vous reprenez votre marche dans le couloir. Rendez-vous alors au **288**.

66

La douleur que vous éprouvez est telle que vous êtes au bord de l'évanouissement. Mais vous serrez les dents pour ne pas défaillir. Devant vous s'ouvre le tunnel, et donc le salut. Pas une minute à perdre : vous savez que le Reptile Volant remonte dans les airs pour fondre à nouveau sur vous et vous entendez le bruit mou de ses ailes lorsqu'il amorce son piqué en poussant un cri guttural de rapace. Jetez de nouveau trois dés. Si le résultat est inférieur ou égal à votre total d'ENDURANCE, rendez-vous au **206**. Sinon, rendez-vous au **290**.

67

Du plus vite que vous le pouvez, vous courez vers la porte. Mais vous en êtes encore à mi-chemin lorsqu'une sphère tourbillonnante de flammes jaune-vert explose à vos pieds. Vous n'éprouvez aucune douleur, mais un froid mortel vous glace jusqu'à la moelle des os. Pour combattre la puissance maléfique de l'araignée, vous devez utiliser toute votre énergie psychique et vos ressources de magicien. Jetez deux dés : si le résultat obtenu est égal ou inférieur à votre total de PSI, rendez-vous au **57**. S'il est supérieur, rendez-vous au **80**.

68

— Ma parole, mais c'est un fruit de Protée ! s'exclame Girius. Et, remarquant l'expression pour le moins ahurie qui vient d'envahir votre visage, il s'empresse de préciser, un sourire moqueur au coin des lèvres :

— Quiconque goûte un fruit de Protée subit une métamorphose provisoire. Et, à moins que je ne fasse une grossière erreur, cette Pomme d'or est un fruit de Protée. Exactement ce dont nous avons besoin... Suivez-moi tous !

En hâte, vous rassemblez votre équipement et, rattrapant tant bien que mal vos compagnons, vous débouchez au sommet de la tour.

Les ténèbres de la nuit se teintent, maintenant, d'une légère lueur grise. Mais, vers l'est, c'est une lumière dorée qui semble surgir de l'horizon. Tout en bas, dans la baie, la marée basse a découvert une grève de sable mouillé semée de varechs. Mais le spectacle le plus impressionnant se trouve à l'ouest : au loin, vous distinguez, malgré le peu de lumière, le promontoire où se dresse le Monument des Héros. Une colossale pyramide de pierres ocres cernée par une véritable armée de Kappas. Avant même que vous n'ayez pu prononcer le moindre mot, Maître Girius vous a tendu la Pomme.

— Mordcz ! ordonne-t-il.

Comment ne pas obéir. Le goût du fruit est tellement âcre que vous êtes bien près de recracher la bouchée que vous mâchez à contrecœur. Mais trop tard ! L'effet en est immédiat, si immédiat, que vous le ressentez jusqu'au plus profond de votre être. Des plumes viennent de pousser, à une vitesse défiant toute imagination, sur votre corps. Vous ouvrez la bouche pour protester mais de votre bec crochu ne sort qu'un cri rauque, alors que vos serres griffent vainement les pierres plates de la terrasse pour y trouver le plus petit appui. Si Maître Girius semble satisfait, les deux gardes quant à eux vous regardent avec des yeux ronds, pour ne pas dire stupides. Le fruit de Protée vous a transformé en aigle, et que faire d'autre sinon prendre votre envol ? Et vers où voler, sinon vers le Monument des Héros ? L'aube s'est maintenant levée. Tout en bas, alors que vous planez dans le ciel, vous distinguez les Kappas qui vous suivent des yeux. Trois d'entre eux se tiennent au sommet de la pyramide – une étroite plate-forme. Ils entourent un quatrième personnage de grande taille, revêtu d'une carapace bleutée aux reflets crayeux, différente de leur propre carapace rouge sombre. Aucun doute n'est permis : c'est le chef suprême des Kappas. Il ne vous regarde pas, concentré dans la tâche qui retient son attention. Les mains tendues, il essaie, en effet, de toute la force de sa volonté, de rompre le champ de force créé par Girius pour protéger le coffret contenant l'Œil du Dragon. Et votre acuité d'oiseau de proie vous avertit dans la seconde qu'il est à deux doigts d'y parvenir. Aussi, vous arrachant au plaisir de votre vol, vous fondez vers le sommet de la pyramide où vous vous posez, au plus grand désarroi des Kappas qui font quelques pas en arrière, au risque d'être précipités dans le vide. Mais, aussitôt que vous avez repris forme humaine, ils s'élancent vers vous dans l'intention manifeste de protéger leur chef. Ils vous attaquent tous les trois, l'un après l'autre.

GUERRIERS KAPPAS	ENDURANCE : 15 (pour chacun)

Lancez deux dés. Si vous obtenez :
de 2 à 6 : vous recevez une blessure qui vous fait perdre 3 points d'ENDURANCE ;
de 7 à 12 : vous portez un coup d'épée au Guerrier que vous combattez, ce qui lui fait perdre 3 points d'ENDURANCE.

N'oubliez pas que vous faites face à trois adversaires et que vous devez tous les vaincre. Si vous triomphez de ces combats plus qu'inégaux, rendez-vous au **34**.

69

Avec la plus grande prudence, vous vous saisissez du bouclier que vous passez à votre bras. Il est si léger que vous avez l'impression de le porter depuis toujours ! Dorénavant, et tant qu'il sera en votre possession il vous protégera au cours des combats que vous livrerez. Lorsque vous recevez une blessure, lancez un dé : si vous faites 6, tous les points d'ENDURANCE que vous auriez pu perdre seront immédiatement annulés. Voilà une précieuse trouvaille pour la réussite de votre mission ; aussi, n'oubliez pas de la noter sur votre Feuille d'Aventure. Maintenant, comme il n'existe aucune issue dans cette pièce, sinon celle par laquelle vous êtes arrivé, vous faites demi-tour et, après avoir traversé les bambous, vous vous retrouvez sur l'Esplanade. Rendez-vous au **274**.

70

Vous faites appel à tout votre courage pour bondir vers le démon et lancer les rênes par-dessus sa tête.

Pris au piège, il se démène, fou de rage. Une écume jaunâtre monte à sa gueule dépourvue de lèvres, tandis que retentissent ses hennissements de fureur. Soudain, il se dresse sur ses postérieurs. Dans le ciel lourd courent d'épais nuages. Les vagues se brisent sur la grève dans un bruit d'enfer. Un des sabots du démon, qui fendent l'air comme des massues, s'abat alors sur votre nuque, vous faisant perdre 4 points d'ENDURANCE. Une douleur affreuse vous traverse le corps. Si vous survivez à ce coup, il ne vous reste plus qu'à tirer votre épée (rendez-vous au **50**), ou à avoir recours au Bracelet de Feu (rendez-vous au **9**) ou encore à l'Outre pleine d'eau fraîche (rendez-vous au **97**).

71

Vous pénétrez dans une pièce aux dimensions réduites, mais regorgeant de trésors — pierres précieuses, bijoux anciens et Pièces d'Or, empilés en tas étincelants. Tout en jetant des regards inquiets derrière vous, vous ne pouvez vous empêcher de contempler toutes ces merveilles. Le Baron, quant à lui, est resté sur le balcon, le bloc de pierre toujours fermement agrippé dans ses pattes. D'un air approbateur, il vous contemple en hochant sa grosse tête d'homme-insecte. Il vous a proposé de puiser sans façon dans son trésor, mais vous préférez vous montrer discret, par politesse. Sur quoi se portera votre choix :

Deux poignées de
Pièces d'Or ? Rendez-vous au **123**

Un Médaillon
aimanté ? Rendez-vous au **23**

Une Statuette en argent
aux yeux de perles ? Rendez-vous au **250**

72

A quelques pas de là, vous débouchez sur une jetée à demi-submergée et recouverte de coquillages. A son extrémité se trouve attaché un petit canot. Vous vous avancez prudemment, de l'eau jusqu'aux chevilles et vous examinez l'embarcation. Elle vous paraît étanche, mais elle est malheureusement dépourvue de rames. Si vous décidez malgré tout de l'utiliser, rendez-vous au **109**. Si vous préférez revenir sur la plage pour chercher une autre solution, rendez-vous au **148**.

73

Écartant de la main la vigne vierge qui masque la porte, vous jetez un regard circulaire dans le jardin. Et vous sursautez en vous apercevant de la disparition de la statue que vous aviez remarquée en arrivant. Un hurlement s'élève alors derrière vous et, mû par un réflexe, vous vous jetez sur le sol au moment même où un énorme poing de bronze allait vous briser la nuque. Vous roulez sur vous- même avant de vous immobiliser sur le dos pour voir, glacé d'horreur, le guerrier de bronze noir et sinistre qui vous domine de toute sa taille. Lentement, il lève un pied pesant. Si vous ne réagissez pas dans l'instant, il va vous écraser le visage. Mais malgré tous vos efforts, il vous est impossible de bouger d'un pouce : la terreur qui s'est emparée de vous vous paralyse. C'est alors que vous entendez un bruit de pas précipités. Surgissant du hall que vous venez de quitter, un homme se précipite sur la statue, l'épée haut levée. L'être de métal s'est retourné d'un bloc, et il lui fait maintenant face. Retrouvant toute votre lucidité dans la seconde, vous vous levez d'un bond au moment même où l'épée du nouveau venu s'abat en plein sur la tête de votre adversaire. Votre surprise est grande en reconnaissant dans cet aventurier à la détermination téméraire le personnage aux cheveux blancs qui, voilà quelques instants seulement, tremblait de peur. L'épée rebondit sur le visage de bronze, sans même y laisser trace de la moindre égratignure. Mais qu'importe ! L'homme frappe à coups redoublés en rugissant :

— Prends ça, démon malfaisant ! Ça encore ! Et encrore ça !

A chaque coup qu'il porte à la statue, son épée s'ébrèche un peu plus. Et, bientôt, seule la garde de l'arme lui reste entre les mains. Alors le guerrier de bronze lève un immense poing et assène au pauvre homme un coup si violent qu'il s'effondre sans vie. A présent, la créature se tourne vers vous, la main dégoulinante de sang. Au moins savez-vous qu'il est inutile de dégainer votre épée. Allez-vous tenter de fuir (rendez-vous au **83**) ou lancer le sortilège du Tigre de Feu, si toutefois vous ne l'avez pas encore utilisé (rendez-vous au **140**) ?

74

Votre épée vole hors de son fourreau dans un claquement sec, et vous en assénez un coup violent sur le plat-bord du canot. Non seulement vous sectionnez la corde, mais en plus vous entaillez profondément le bois. La Sirène prend un air dépité et s'éloigne avec une vitesse stupéfiante avant de disparaître dans un tourbillon d'écume. Rendez-vous au **131**.

75

A peine avez-vous lancé le sortilège, que résonne autour de vous un bourdonnement furieux, tandis que des nuées de Frelons surexcités apparaissent, se pressant en un essaim tourbillonnant. Les gardes sont vite submergés par les redoutables insectes. Le dos rond, ils cherchent leur salut dans la fuite, faisant décrire à leurs armes des moulinets dérisoires. Mais le Sergent ne va pas très loin. Trébuchant sur un pavé déchaussé, il s'écroule sur le sol et disparaît aussitôt sous la masse grouillante des Frelons. Ses compagnons ont redoublé de vitesse, et parviennent de justesse à se réfugier dans un bâtiment en ruine. Alors seulement, ils se mettent à hurler de peur. Vous chassez les Frelons de la Mort, mais trop tard pour sauver le Sergent.

Il a reçu de nombreuses et mortelles piqûres. Ses lèvres enflées remuent faiblement comme s'il voulait vous parler. Si vous tenez à recueillir ses dernières paroles, rendez-vous au **29**. Si vous préférez poursuivre votre chemin vers la cité, rendez-vous au **48**.

76

Vous auriez sans doute mieux fait de laver vos bottes ensanglantées. Car le Gavial qui n'est pas très malin, mais qui a du flair, vous a suivi à la trace dans le dédale des tunnels. Pour l'heure, une tâche urgente retient toute votre attention : il vous faut en effet dégager votre épée prisonnière d'une plaque de métal aimantée encastrée dans le plafond du tunnel. Votre arme n'est pas hors d'atteinte, mais elle résiste à tous les efforts que vous déployez pour la tirer vers vous. Vous avez appris, lorsque vous suiviez l'enseignement de vos Maîtres en magie, que les aimants perdent leur pouvoir sous l'effet de la chaleur. Si vous n'avez pas encore fait appel au Tigre de Feu, peut-être est-ce le moment de l'invoquer ? Si vous en décidez ainsi, rendez-vous au **30**. Mais si vous préférez utiliser ce sortilège à meilleur escient, le Bracelet de Feu pourrait sans doute vous être de quelque secours (rendez-vous au **269**). Pour le cas où, pour une raison ou une autre, vous seriez dans l'incapacité de venir à bout de cette plaque de métal aimantée, vous ne pouvez rien faire d'autre que d'abandonner votre épée et de reprendre votre chemin. Rendez-vous dans ce cas au **160**.

77

— Ce jeu s'appelle Clic-Pic parce qu'on y joue avec des Clics-Pics.

Et, heureux de sa plaisanterie, l'être grimaçant qui vient de s'adresser à vous éclate d'un rire grinçant.

— A propos, reprend-il, voici un Clic-Pic.

Et il vous tend une petite boule de fer hérissée de pointes empoisonnées.

— Et maintenant je vais vous expliquer les règles du jeu. Voici un sac qui est plein de Clics-Pics. Et voilà une balle de caoutchouc. Je vais laisser tomber la balle sur le sol. Dès qu'elle aura rebondi, précipitez-vous sur le sac et essayez de vous saisir du plus grand nombre de Clics-Pics qu'il vous sera possible avant qu'elle ne rebondisse une seconde fois. Ensuite, ce sera à mon tour. Le vainqueur sera celui d'entre nous qui possédera le plus de Clics-Pics. Simple, non ?

Simple, certes. Mais ce qu'il ne vous a pas dit, c'est que le poison qui imprègne les pointes de ces boules de fer est des plus virulents. Et qu'il vous en coûtera 2 points d'ENDURANCE pour chacun des Clics-Pics dont vous vous emparerez... Lui, bien entendu, est insensible à ce poison particulier. Maintenant, lancez un dé : le chiffre obtenu vous indique le nombre de Clics-Pics que vous avez pris dans le sac. Puis lancez un dé pour votre adversaire. Après avoir retranché de votre total d'ENDURANCE les points que vous avez perdus, rendez-vous au **118** si vous avez gagné la partie, au **267** si vous l'avez perdue, enfin au **159** si vous avez fait match nul.

78

La douleur que vous ressentez est à présent si intense que c'est miracle si vous parvenez à balbutier la formule du sortilège. L'effet est immédiat et la douleur disparaît aussi vite qu'elle était venue. Il vous semble apercevoir une expression de surprise mêlée de déception sur le visage impassible du chef Kappa, alors que vous vous débarrassez de lui d'un coup de pied bien appliqué. Rendez-vous au **154**.

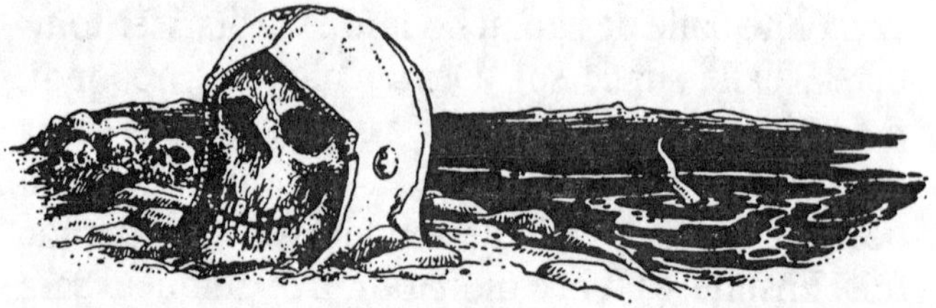

79

Six étages ! Ce sac de plumes vous oblige à grimper six étages ! C'est hors d'haleine et, de plus, vous étranglant de colère, que vous débouchez enfin sur une terrasse balayée par le vent. Allons bon, il pleut maintenant, une pluie fine et glacée qui ne va pas tarder à percer vos vêtements ! Mais ce n'est pas cela qui vous fait pousser un juron : l'oiseau de malheur est perché sur le bord extrême de la terrasse, et plus exactement sur un parapet à demi-écroulé qui domine la place. Tournant la tête vers vous, il vous lance un regard ironique de ses petits yeux ronds, semblant savourer votre fureur. Puis il déploie ses ailes... Il va s'envoler... Et il tient toujours dans son bec l'Anneau de Lumière ! Jamais vous ne parviendrez à l'attraper avant qu'il ne prenne son essor si vous ne faites pas appel à un sortilège. Mais lequel allez-vous utiliser :

La Confusion ? Rendez-vous au **296**

La Dague Flamboyante ? Rendez-vous au **186**

80

Incapable de faire le moindre mouvement, il vous semble que les ténèbres envahissent la grotte. Tout paraît déformé, et les murs défilent à toute allure autour de vous, comme si vous tombiez. Brusquement, l'effroyable vérité vous saute aux yeux : chacune des marches que vous grimpiez quatre à quatre vous domine maintenant telle une falaise abrupte ! Quant au plafond, il a disparu loin, bien loin au-dessus de vous. En proie à la plus grande panique, vous portez les mains à votre visage... et vous poussez un hurlement en constatant qu'elles se sont transformées en immondes pattes d'insecte. L'araignée vous a lancé un sort qui vient de vous métamorphoser en un minuscule scarabée. Dans un bruit mou, elle vient de se laisser tomber à terre et se dirige lentement vers vous. Bientôt vous êtes englué dans les fils de la toile qu'elle tisse tout en vous fixant de ses yeux globuleux. Sans doute serez-vous le mets de choix de son prochain repas... Votre aventure se termine ici.

81

Vous donnez un léger coup de votre Diapason sur la pierre formant le chambranle de la porte et, aussitôt, une note aiguë et perlée résonne dans le silence pesant de la citadelle, alors que le signe gravé dans la tablette s'illumine d'une lueur mordorée. Sous vos yeux ébahis, la porte commence à se lever en grinçant, révélant une ouverture nimbée d'une pâle lumière vert émeraude. A présent, la porte a entièrement disparu dans le plafond, et c'est non sans avoir hésité que vous pénétrez dans une salle tout entière baignée par cette étrange luminescence. Une salle ? Une grotte sous-marine, plutôt. Car des filets d'eau coulent le long des murs auxquels s'accrochent palourdes, berniques et autres mollusques, ainsi que des guirlandes d'algues. Et votre ahurissement est à son comble lorsque, tournant la tête vers le centre de cette grotte, vous apercevez un vieil homme décharné accroupi devant une table de corail sur laquelle il s'appuie des deux coudes. Derrière lui s'étend un vaste bassin plein d'une eau limpide. Le plus incroyable, dans cette scène, est que ce vieillard possède deux têtes ! Et pourtant... Lentement, vous vous approchez des quelques marches taillées dans la pierre descendant vers le bassin ; et c'est alors que vous mettez le pied sur la première marche que vous réalisez que la seconde tête est en fait une énorme araignée aux yeux globuleux qui est perchée sur l'épaule de l'homme. Tous vos sens en alerte, vous vous approchez. L'araignée semble maintenant s'être tassée contre l'oreille de son compagnon, comme si elle lui disait quelque chose ! Alors que vous parvenez à la hauteur de la table, le vieillard se redresse soudainement.

— Ah ! chevrote-t-il, une visite ! Je n'en reçois pas beaucoup... A ce que je vois, vous possédez le Diapason de Criq. L'avez-vous volé à ce sinistre individu ? A moins que vous ne l'ayez trucidé pour vous en emparer, hein ?
Qu'allez-vous répondre à pareille diatribe ? Que le Diapason est un cadeau du Baron Criq (rendez-vous au **63**) ou que vous avez, en effet, supprimé son propriétaire pour le lui prendre (rendez-vous au **145**) ?

82

En remontant l'escalier de la cave, vous remarquez que l'ourlet de votre robe de magicien est teinté de bleu foncé. Au cours de votre combat contre le Kraken, vous pataugiez dans l'eau et le monstre y a sûrement expulsé le contenu de sa poche à encre. C'est un réflexe bien connu des mollusques céphalopodes quand ils se croient en danger. En tordant le tissu, vous pouvez recueillir l'eau bleuâtre, si vous le désirez. Mais, pour cela, le seul récipient dont vous disposez est votre outre qu'il faudrait tout d'abord vider de son eau. Si vous décidez d'en faire ainsi, n'oubliez pas de le noter sur votre Feuille d'Aventure. Vous êtes maintenant de retour dans le hall d'entrée. Rendez-vous au **107**.

83

Allez-vous courir vers la rue (rendez-vous au **223**) ou préférez-vous vous mettre à l'abri dans la demeure (rendez-vous au **4**) ?

84

Silencieusement, la porte pivote sur ses gonds, révélant une pièce de grandes dimensions éclairée par trois énormes bougies d'une taille égale à la vôtre. A l'opposé de l'endroit où vous vous tenez, s'ouvre une nouvelle porte. Mais le spectacle le plus étonnant se déroule au centre de la pièce. En effet, trois personnages au visage émacié sont accroupis à l'intérieur d'un pentacle tracé à la craie sur le sol. Ils sont vêtus de longues robes brunes, et tous trois sont d'une pâleur extrême. Pour l'instant, ils semblent absorbés par une sorte de jeu, comportant une balle de caoutchouc ainsi que de petits objets métalliques. Soudain, l'un d'eux lève la tête vers vous et, vous lançant un regard dont l'expression de méchanceté vous fait frémir, il vous dit :

— Bienvenu, magicien ! Que diriez-vous d'une petite partie en notre compagnie ?

Il vous contemple d'un air goguenard, tout en faisant sauter des dés dans sa main squelettique. Allez-vous :

Accepter son invitation ?	Rendez-vous au **193**
Éteindre les bougies ?	Rendez-vous au **297**
Traverser la pièce en direction de la porte ?	Rendez-vous au **163**

85

En proie à la panique la plus intense, vous vous lancez au hasard dans le labyrinthe de ruelles,

84 *Trois personnages au visage émacié sont accroupis à l'intérieur d'un pentacle tracé à la craie.*

poursuivi par le cliquetis des pinces des Craboïdes avides de se régaler de votre chair. Dans votre aveuglement, vous n'avez pas remarqué que vous étiez revenu dans la rue témoin de la mort du pirate. Vous prenant les pieds dans son corps maintenant raide, vous trébuchez, et c'est miracle si vous ne vous affalez pas sur le sol. Haletant, vous retrouvez votre équilibre et vous poursuivez votre course éperdue. Mais, au bout de quelques mètres, vous vous arrêtez net : plus de bruit de poursuite, derrière vous. Pas de silence non plus. Plutôt, un autre bruit... En hésitant, vous tournez la tête et votre estomac se révulse aussitôt : devant ce mets de choix qu'est un cadavre, les Craboïdes n'ont pu résister ; ils se sont agglutinés autour du corps du pirate et en déchirent des lambeaux qu'ils savourent avec délices. Accaparés par ce festin macabre, ils vous ont totalement oublié ! Vous en profitez pour gagner l'Esplanade et vous diriger vers le Pont des Crânes Bleus. Rendez-vous au **108**.

86

Vos efforts sont vains : il vous est impossible de contrôler le pouvoir de l'Œil du Dragon. Et, bien au contraire, c'est lui qui, peu à peu, prend possession de votre esprit. Et toute votre magie est impuissante à lui résister. Votre énergie vous quitte pour se mêler à celle de la pierre. Pire encore : la dernière image que vous apercevrez est l'expression stupéfaite qui se peint sur le visage du chef suprême des Kappas, tandis que votre corps se dissout dans le reflet verdâtre qui entour l'Œil. Vous avez voulu vous mesurer à des éléments que vous ne pouviez dominer et vous avez payé de votre vie cette audace.

87

Sans hésiter, vous plongez dans l'eau glacée qui transperce aussitôt vos vêtements et, nageant de toutes vos forces, vous vous dirigez en frissonnant vers la rive occidentale. Mais vous avez trop estimé vos forces depuis le début de votre aventure et vous avez beaucoup de mal à lutter contre le courant sous-marin qui menace de vous entraîner. C'est avec le plus grand mal que vous atteignez enfin un banc de sable sur lequel vous vous écroulez, le souffle court, vous félicitant de vous en être tiré à si bon compte. Mais votre satisfaction est de courte durée : en effet, votre sac s'est ouvert alors que vous nagiez. Il va falloir demander aux dés ce que sont devenus les objets qui étaient en votre possession (à l'exception de votre épée, de l'Anneau de Lumière ainsi que, éventuellement, du Gantelet de Lumière). Pour connaître l'étendue du désastre, lancez un dé par objet que vous possédiez. Si vous obtenez :

de 1 à 4 : l'objet est perdu. Rayez-le alors sur votre Feuille d'Aventure.
5 ou 6 : l'objet est toujours dans votre sac.

Lorsque vous aurez ainsi vérifié l'intégralité de votre équipement, rendez-vous au **156**.

88

L'escalier vous ramène dans le hall d'entrée de la demeure. L'homme aux cheveux blancs est toujours à gémir dans son coin, et vous le voyez sursauter lorsqu'il vous aperçoit. Sans doute pensait-il ne plus vous revoir... Si vous désirez poursuivre l'exploration de cet hôtel particulier, vous pouvez maintenant vous diriger vers la porte à double battant (rendez-vous au **256**) ou vers les marches menant à la porte de la cave (rendez-vous au **211**). Mais vous pouvez également quitter les lieux (rendez-vous au **299**).

89

A peine avez-vous commencé à lancer le sortilège qu'une effroyable tempête balaie la cour, suivie par un silence tout aussi effrayant dès que vous en avez terminé. Soudain, vous sursautez en entendant des hurlements, des gémissements et des plaintes s'élever dans la nuit, et vos cheveux se dressent sur la tête en voyant un être spectral prendre forme à la place du squelette. Lentement il se lève, tendant vers vous des bras vaporeux terminés par des griffes acérées qui, elles, semblent bien réelles, puis, sans que rien n'ait pu le laisser prévoir, il se rue vers vous en poussant un cri déchirant. Vous avez évoqué un esprit maléfique, et maintenant il faut en assumer les conséquences. Lancez deux dés et multipliez le résultat obtenu par deux. Puis comparez le total final à votre total d'ENDURANCE : s'il est égal ou inférieur, votre volonté est suffisamment puissante pour rejeter le fantôme dans l'Au-delà. Rendez-vous alors au **242**. S'il est supérieur, la terreur qui est la vôtre est plus que vous n'en pouvez supporter. La folie vous gagne et, à jamais, vous hanterez les ruines de Thalios. Vous avez échoué dans votre mission.

90

Vous l'avez échappé belle : une détente magistrale vous a permis de bondir sur une partie du toit plus solide et vous poussez un soupir de soulagement en vous y recevant sans dommage. Non sans précautions vous vous approchez du mystérieux bloc et, lorsque enfin vous l'atteignez, vous jetez un regard intrigué à ses facettes cristallines. Grande est votre surprise lorsqu'il vous semble distinguer une silhouette vêtue d'une longue robe ! Au toucher, la surface est froide, mais néanmoins pas suffisamment froide pour qu'il s'agisse d'un bloc de glace. Depuis combien d'années cette « chose » est-elle ici ? Et depuis combien d'années retient-elle le personnage prisonnier de sa masse ? Si vous voulez tenter de le délivrer, rendez-vous au **201.** Mais, si vous pensez que vous avez assez perdu de temps comme cela, et qu'il vous faut trouver Maître Girius le plus rapidement possible, rendez-vous au **241**.

91

Vous n'avez pas plutôt esquissé un pas en direction de l'ouverture que l'idole frémit et se dresse lentement sur ses pieds. Massive et menaçante, elle s'avance avec une démarche d'automate. Ses quatre bras agitent des épées meurtrières. Vous avez encore une chance de fuir pour lui échapper : en traversant à toute allure les bambous jusqu'à l'Esplanade (rendez-vous au **274**). Mais si vous préférez engager le combat, allez-vous dégainer votre épée (rendez-vous au **270**) ou préférez-vous utiliser un sortilège (rendez-vous au **45**) ?

92

Bien que rompu à toutes les techniques de combat à mains nues, vous les trouvez dérisoires face à cette horreur des temps révolus.

GAVIAL ENDURANCE : 12

Lancez deux dés. Si vous obtenez :

de 2 à 8 : vous recevez un cruel coup de griffe qui vous fait perdre 3 points d'ENDURANCE ;

de 9 à 12 : vous parvenez à porter un coup au Gavial qui perd 2 points d'ENDURANCE

Les écailles du Gavial le protègent comme une véritable armure. C'est la raison pour laquelle vous ne lui infligez que la perte de 2 points d'ENDURANCE lorsque vous le frappez. Cependant, si vous portez le Gantelet de Lumière, n'oubliez pas d'ajouter 1 point supplémentaire aux dommages que vous infligez. Si vous êtes vainqueur, rendez-vous au **76**.

93

Prudemment, vous avancez dans le couloir qui finit par déboucher, grâce à une porte secrète dissimulée dernière un pilier, dans le vaste hall de la Citadelle. Une brise marine glaciale vous accueille ainsi que des toubillons de feuilles mortes qui s'engouffrent par le portail grand ouvert. Sans perdre de temps, vous vous dirigez vers le sentier menant à la côte ouest de l'île. Rendez-vous au **20**.

94

Le Reptile Volant fond sur vous en faisant claquer les dents acérées de son effrayante mâchoire. Lancez trois dés. Si le résultat obtenu est supérieur à votre total d'HABILETÉ, rendez-vous au **136**. S'il est égal ou inférieur, rendez-vous au **249**.

95

Quel sortilège allez-vous lancer :

Les Frelons de la Mort ?	Rendez-vous au **185**
Le Mirage ?	Rendez-vous au **169**

Si vous ne possédez ni l'un ni l'autre, seule votre épée pourra vous être d'une quelconque aide (rendez-vous au **74**).

96

La porte est faite d'un étrange métal aux reflets violets. Jamais vous n'avez rien vu de semblable.

En son centre est incrustée unc tablette de pierre rose où se trouve gravé un symbole à l'aspect anguleux. Intrigué, vous vous en approchez car son dessin ne vous semble pas étranger. Et soudain la mémoire vous revient : c'est une note de musique faisant partie d'une sorte d'« alphabet » musical inventé par les savants de Thalios. Une partie de ce système de notation s'est perpétuée mais dans lcs sociétés secrètes où il est utilisé dans les mélopées accompagnant certains rites de sorcellerie. La porte n'a pas de poignée. Une vigoureuse poussée ne l'ébranle pas. Mais peut-être possédez-vous un objet qui vous permettrait de l'ouvrir ? Vous pouvez utiliser :

Une statuette d'argent aux yeux de perles	Rendez-vous au **246**
Une harpe sertie de rubis	Rendez-vous au **16**
Un diapason	Rendez-vous au **81**
Une potion contenue dans une fiole d'albâtre ?	Rendez-vous au **65**

Si vous ne possédez rien de cela, ou si vous préférez ne pas toucher à cette porte, vous reprenez votre marche dans le couloir. Rendez-vous au **288**.

97

Les rênes fortement serrés dans une main, vous sortez hâtivement l'Outre pleine d'eau que vous

96 *Au centre de la porte est incrustée une tablette de pierre où se trouve gravé un symbole à l'aspect anguleux.*

débouchez avec vos dents. Non sans frémir, vous affichez un air menaçant et déclarez d'une voix ferme :

— Le moment est venu de discuter. J'ai la certitude que vous n'aimeriez pas du tout le contact de ce liquide sur votre corps. Je vous propose de me transporter jusqu'au Palais du Consul et là nous nous séparerons gentiment.

— Quoi ? rugit le monstre d'une voix rauque et rocailleuse, son visage écorché tordu dans un rictus de haine. Quoi, vous avez la prétention de m'utiliser comme une vulgaire monture ? Moi, Sacartch le Funeste, le Seigneur Démoniaque de l'Océan ? Pitoyable mortel, je vous préviens...

Vous laissez tomber une seule goutte d'eau sur le corps du monstre qui grésille comme sous l'effet d'un acide.

— A moi de vous avertir, Seigneur de l'Océan ! répliquez-vous d'un ton affable. Si vous refusez de me transporter, vous en subirez les conséquences.

La créature s'étrangle de fureur, mais ne réplique pas. Sacartch le Funeste sait qu'il n'aura pas le dessus. Il vous laisse l'enfourcher et se lance sur la mer déchaînée. Ses sabots pointus labourent les vagues comme de la terre meuble, tandis que le vent vous apporte ses sinistres hennissements. Vous serrez les dents tout en vous accrochant convulsivement à son torse répugnant. La traversée vous paraît longue, interminable ! Enfin, vous parvenez sur la rive opposée. Pâle, les genoux tremblants, vous sautez à terre. Le monstre vous contemple en tremblant de fureur. Vous n'avez pas encore lâché les rênes.

— J'ai honoré ma part du contrat, grince-t-il en piaffant. A votre tour de tenir parole. Libérez-moi !

— Tenir parole avec un démon ? Quelle plaisanterie !

Et, sans la moindre once de pitié, vous videz le contenu de l'outre sur son corps visqueux. L'eau fraîche le brûle comme du feu et il pousse des cris atroces. Rendu fou par la douleur, il se précipite dans l'eau salée et disparaît sous les vagues. avec un frisson de dégoût, vous vous détournez. Rendez-vous au **128.**

98

Dans l'espace restreint du tunnel surgit brusquement une nuée de Frelons au bourdonnement furieux. Ce qui a pour effet d'immobiliser dans l'instant le Gavial. Avant que le monstre n'ait pu réagir, les insectes ont fondu sur lui. Il se débat de façon grotesque, mais ne peut rien contre l'abominable essaim, sinon de s'enfuir du plus vite qu'il le peut. Bientôt le bruit de ses pas s'éteint, absorbé dans le dédale des tunnels. Rendez-vous au **76**.

99

L'escalier aboutit à un palier où deux portes se présentent à vous. La première a une apparence étrange : son bois paraît en effet carbonisé et elle est incrustée de jais grossièrement taillés. Si vous souhaitez l'ouvrir, rendez-vous au **84.** Mais si vous préférez vous diriger vers la seconde porte en chêne, rendez-vous au **238**.

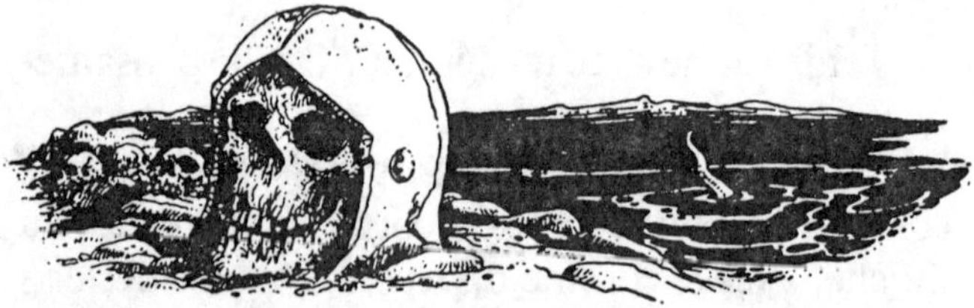

100

Une silhouette floue émerge des galets tout près de vous : c'est le fantôme du mendiant que vous avez rencontré voilà peu de temps. Une douzaine de javelots sont fichés dans son corps et, à la place des yeux, béent deux cavités vides. Vous comprenez que le mendiant est tombé sur une patrouille de Kapps juste après vous avoir quitté.

— Qui est là ? gémit le fantôme qui tend vers vous une main flasque. Aidez le pauvre Rastac si vous le pouvez, je vous en supplie.

— Je ne peux plus rien pour vous, c'est moi qui ai besoin de votre aide, répliquez-vous. Dites-moi comment je peux franchir ce bras de mer pour atteindre le Palais du Consul ?

— J'ai vu un homme, un pirate, le traverser en canot pour venir jusqu'ici. J'avais encore des yeux, soupire-t-il. Je l'ai vu, oui, je l'ai vu amarrer son canot et cacher les rames sous un buisson d'épines tout proche.

Le fantôme fait quelques pas en vacillant, ses

mains diaphanes tendues devant lui dans un geste suppliant. Vous êtes pris d'un terrible frisson quand son corps impalpable vous traverse, tout simplement ! Votre sang se glace dans vos veines et vous étouffez un cri d'épouvante. Lorsque vous reprenez vos esprits, le fantôme s'est évanoui. Rendez-vous au **220**.

101

Dans l'éventualité où les Kappas surveilleraient le bâtiment de l'extérieur, mieux vaudrait qu'ils ne remarquent pas votre lumière ! Aussi, vous masquez l'Anneau avec votre paume, ne laissant filtrer qu'un mince rai lumineux pour éclairer votre chemin. Après une demi-heure de vaines recherches d'une pièce à l'autre, vous commencez à regretter de ne pas avoir pris l'autre direction. Aussi ne tardez-vous pas à faire demi-tour. En passant devant une cloison ajourée, encastrée dans le mur gauche du corridor, vous entendez des grattements. Des rats ! Oui, des rats ! des milliers de rats qui, ayant senti votre présence, déferlent sur vous après avoir bousculé la frêle cloison. Leurs cris aigus sont presque aussi effrayants que leurs yeux rouges qui luisent dans l'obscurité. Dégainant votre épée, vous essayez de vous frayer un chemin dans leur masse grouillante, mais ils sont trop nombreux. Leurs dents acérées traversent bientôt le cuir de vos bottes, labourent votre chair. En proie à la panique, vous vous mettez à courir et, enfin, vous surgissez dans le hall. Pour une raison que vous ne comprenez pas, les rats ne vous y suivent pas. Sans doute l'avez-vous échappé belle, mais vous avez perdu 4 points d'ENDURANCE dans l'aventure. Après avoir pansé tant bien que mal vos blessures, vous vous engagez dans le corridor qui vous fait face. Rendez-vous au **168**.

102

Il fait sombre à l'intérieur de la Citadelle. Si sombre que, si vous voulez l'explorer, vous devez impérativement être en possession de l'Anneau de Lumière. Si tel est le cas, rendez-vous au **225**. Sinon vous n'avez pas d'autre choix que de vous engager sur le sentier menant à la côte ouest. Rendez-vous alors au **20**.

103

Après avoir gravi en haletant l'interminable escalier, vous pénétrez dans une pièce où règne une fraîcheur humide, parcourue d'effluves nocturnes. En rasant les murs, vous vous approchez d'une fenêtre. Ainsi que vous l'aviez deviné, vous vous trouvez au rez-de-chaussée d'une des bâtisses en ruine, au nord du Pantechnicum. La place grouille de Kappas. Ils n'ont donc pas abandonné leurs recherches et promènent sur les façades croulantes la lumière verdâtre de leurs lanternes. Soudain vous vous baissez, juste à temps pour éviter la lueur de l'une de ces lanternes qui éclaire faiblement la fenêtre devant laquelle vous vous trouviez ! Il semble maintenant que les Kappas s'éloignent en direction du sud. Bientôt, la voie sera libre.

— Pièce de huit ! criaille une voix derrière vous. Vous sursautez dans l'obscurité, tandis que le mainate qui vous avait déjà causé une semblable frayeur peu de temps auparavant vient se percher sur votre épaule dans un battement d'ailes. Sans doute a-t-il été attiré par la faible luminosité émise par l'Anneau de Lumière. Vous n'avez pas le temps de réagir qu'il vous l'a déjà arraché d'un coup de bec. Étouffant un cri de rage, vous esquissez un geste pour l'attraper, mais un coup d'aile lui suffit pour se mettre hors de votre portée. Et c'est dans l'impuissance la plus totale que vous le voyez s'engouffrer, en un splendide vol plané, dans l'escalier qui se poursuit vers les étages supérieurs. Si vous voulez récupérer l'Anneau, vous vous précipitez à la suite de l'oiseau. Rendez-vous au **79**. Mais si vous pensez pouvoir vous en passer, rendez-vous au **241**.

104

En réponse à votre incantation, une créature de feu — un tigre flamboyant — se matérialise devant vous. Constatant qu'il n'y a rien à brûler, à déchiqueter, l'animal se tourne vers vous en feulant méchamment. Mais votre volonté est la plus forte, et il finit par vous obéir. En grondant sourdement, il se dirige vers le bloc cristallin autour duquel il se love. La pierre est bientôt noyée dans un océan de flammes qui la lèchent, la pénètrent, la font fondre en une sorte de glace boueuse. Très vite, il n'en reste plus qu'un éclat de verre. Le tigre, alors, s'évanouit dans les airs. Rendez-vous au **276**.

105

— Ch'est bien. Ch'est très bien ! Che n'aurais pas été content chi vous aviez pillé mon tréchor, déclare l'insectoïde d'un air apparemment satisfait.

Puis, sans que rien n'ait pu le laisser prévoir, il replace violemment le bloc de pierre dans l'ouverture, tout en marmonnant du ton le plus furieux qui soit :

— Pourtant, vous avez hésité. Ch'est totalement inaccheptable ! Même si vous m'avez chauvé. Che dois vous apprendre les bonnes manières.

Et le voilà qui tire une longue rapière de dessous son manteau avant de se ruer vers vous !

BARON CRIQ ENDURANCE : 15

Lancez deux dés. Si vous obtenez :

2	:	sa lame vous transperce le cœur, et vous mourez dans l'instant ;
de 3 à 7	:	vous recevez une blessure à l'épaule qui vous fait perdre 3 points d'ENDURANCE.
de 8 à 12	:	vous parvenez à frapper le Baron qui perd 3 points d'ENDURANCE.

Il vous est possible de prendre la Fuite. Dans ce cas, vous vous précipitez vers l'escalier qui vous a amené sur le balcon, et rendez-vous au **221**. Mais, si vous choisissez de mener le combat à son terme et si vous êtes vainqueur, rendez-vous au **122**.

106

Au pied d'un autel de pierre qui fait face à la statue, vous remarquez un silex, et deux flacons contenant, à ce qu'il vous semble, une huile épaisse à l'aspect résineux. Après avoir débouché l'un des flacons, vous en versez le contenu dans les torchères et, le silex aidant, le liquide ne tarde pas à s'enflammer. Aussitôt un sourd grincement se fait entendre devant vous : un pan entier du mur situé derrière l'Idole commence à glisser, découvrant l'entrée d'un étroit boyau. Bien entendu, il est encore temps de regagner l'Esplanade. Si vous en décidez ainsi, rendez-vous au **274**. Mais si la curiosité vous pousse à pénétrer dans ce boyau, rendez-vous au **91**.

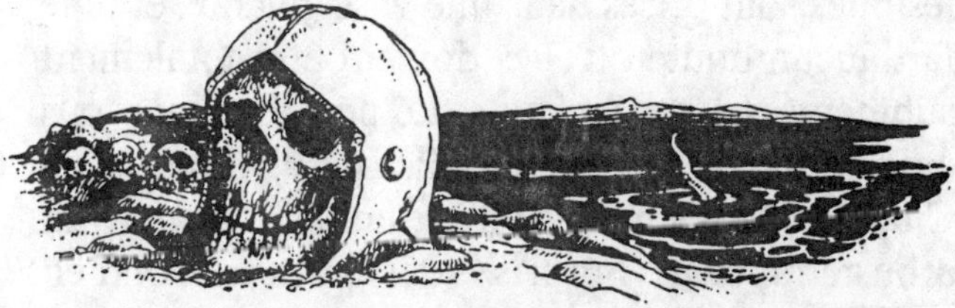

107

L'homme aux cheveux blancs vous jette un regard angoissé, tout en gémissant :

— Mais vous ne comprenez pas ! Si vous sortez de cette demeure, vous subirez le même sort que mon ami Wolfram...

Agacé par ses gémissements, vous le saisissez par sa tunique et vous grognez :

— Si vous avez un meilleur plan à me proposer, ne vous gênez pas. Mais vite ! Car je ne vais pas passer la nuit ici.

Mais vous n'en tirez rien de plus, sinon de nouveaux gémissements. Quelque peu honteux d'avoir ainsi brutalisé cet être misérable, vous vous dirigez vers la porte. Rendez-vous au **299**.

108

Le Pont des Crânes Bleus — quel nom étrange ! — enjambe ce qui fut autrefois un des canaux de Thalios. Mais la mer a envahi les terres qui s'affaissaient graduellement et, désormais, c'est une île que le pont relie au reste de la cité. Au sommet d'une colline, devant vous, nettement découpée sur le ciel, se dresse la masse sinistre de la Citadelle des Enigmes. En traversant le pont, vous jetez un coup d'œil par-dessus le parapet : pour le moment, les piles sont prises dans une vase gluante, et il ne fait aucun doute qu'elles doivent être totalement submergées à marée haute. Le pont franchi, vous empruntez un sentier rocailleux qui monte à la Citadelle. Soudain, une ombre jaillit de derrière un arbuste rabougri. Surpris, vous faites un bond en arrière, tout en dégainant votre arme. Mais vous poussez vite un soupir de soulagement en constatant à la lueur de la lune que le nouveau venu n'est qu'un mendiant sale et loqueteux. Alors qu'il s'approche de vous, la paume de la main tendue, vous ne pouvez vous empêcher de grimacer en reniflant son odeur fétide.

— La charité pour un pauvre vieillard, noble seigneur ! dit-il. Une petite Pièce d'Or suffirait, ou plus si le cœur vous en dit !

Si vous acceptez de lui donner une Pièce d'Or,

108 *Avec un soupir de soulagement, vous constatez que le nouveau venu n'est qu'un mendiant sale et loqueteux.*

rendez-vous au **130**. Si dans un élan de générosité téméraire vous lui en donnez deux, rendez-vous au **217**. Si vous n'avez pas d'or, ou si vous refusez de faire la charité, vous ne prêtez aucune attention aux insultes maugréées par le mendiant et vous reprenez votre route vers la Citadelle. Rendez-vous au **41**.

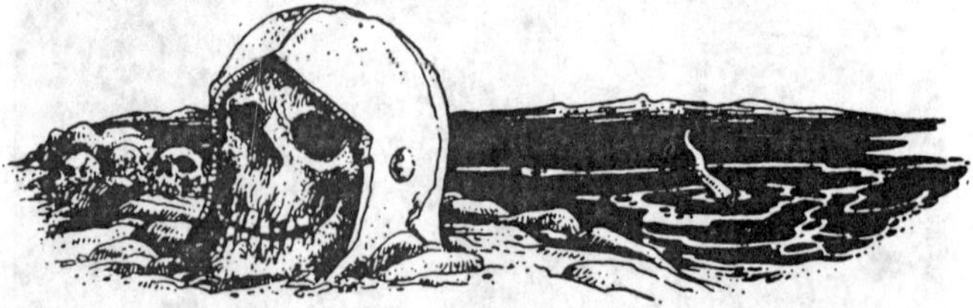

109

Vous larguez les amarres, et bientôt la barque dérive dans la baie. Blotti tout au fond, vous cherchez à ne pas être vu du rivage. Soudain, un éclat de rire vous fait sursauter. Risquant un œil au-dessus du plat-bord, vous ne pouvez vous empêcher de pousser une exclamation de surprise en voyant une sirène à la longue chevelure verte batifoler autour de votre embarcation. Ses écailles luisent d'un reflet doré et, vous ayant aperçu, elle s'amuse à vous lancer de l'eau au visage en agitant sa queue. Puis, d'un geste provoquant, elle s'empare de la corde lovée dans le canot. Vous n'avez même pas eu le temps de l'en empêcher que déjà elle la passe sur son épaule — bien jolie, soit dit en passant — et vous remorque vers la pleine mer. Il faut agir, et vite. Mais que faire ? Allez-vous dégainer votre épée (rendez-vous au **74**) ou préférez-vous lancer un sortilège (rendez-vous au **95**) ?

110

L'eau bouillonne tout autour de vous tandis que le Kraken essaye de vous saisir dans ses hideux tentacules.

KRAKEN ENDURANCE : 18

Lancez deux dés. Si vous obtenez :

2 ou 3	:	rendez-vous au **125** ;
de 4 à 6	:	vous êtes cruellement fouetté par les tentacules. Lancez encore deux dés et déduisez le résultat obtenu de votre total d'ENDURANCE.
de 7 à 12	:	vous portez un coup d'épée au Kraken qui perd 3 points d'ENDURANCE.

Impossible pour vous d'essayer d'atteindre la porte de la cave : le monstre aurait tôt fait de vous rattraper. Mais vous pouvez prendre la Fuite en vous précipitant dans le tunnel que vous avez remarqué il y a peu de temps. Si vous en décidez ainsi, vous ne perdez aucun point d'HABILETÉ, et rendez-vous au **3.** Si vous préférez mener le combat à son terme, et si vous êtes vainqueur, rendez-vous au **271**.

111

D'un trait vous videz la fiole et, aussitôt, une impression de légèreté envahit votre corps. Stupéfait, mais quelque peu inquiet, vous esquissez un pas en avant... et vous vous envolez comme une plume ! C'est presque en battant des mains comme un enfant tant la sensation que vous éprouvez est extraordinaire, que vous franchissez le puits, avant de vous poser doucement sur l'autre bord. En proie à une euphorie bien compréhensible, vous franchissez la porte à double battant puis, après avoir traversé le hall à grandes enjambées, vous vous retrouvez dans le jardin. Là, votre joie vous quitte aussitôt lorsque vous apercevez le cadavre du pauvre aventurier qui, vous devez bien l'avouer, vous a sauvé la vie. Pestant contre la monstrueuse statue, vous franchissez la brèche ouverte dans le mur et vous vous engagez dans l'allée des Sphinx. Rendez-vous au **120**.

112

Une terrible bourrasque balaie la ruelle derrière vous. Et vous allez en profiter pour vous élancer afin de fuir vos agresseurs, lorsque, soudain, vous réalisez qu'aucun cri ne s'est fait entendre. Seul s'élève dans le silence maintenant revenu le sifflement moqueur d'un oiseau ! Rendez-vous au **218**.

113

Du bracelet surgit une langue de feu qui s'écrase en grésillant sur la gueule grimaçante du monstre. Les griffes crispées sur les yeux, il chancelle avant de s'enfuir dans le tunnel où vous l'entendez hurler de douleur. Votre Bracelet de Feu est désormais inutilisable : vous avez épuisé toute son énergie ; aussi pouvez-vous le rayer de votre Feuille d'Aventure. Rendez-vous au **76**.

114

Impossible d'aller plus avant. Même si vous trouviez dans cette cour un morceau de bois sec pour vous servir de torche, il ne pourrait pas vous éclairer suffisamment longtemps pour vous permettre d'explorer le palais tout entier. Découragé, frissonnant, vous vous asseyez à côté du squelette. Pour la première fois de votre vie, votre mission se termine sur un échec.

115

Avec une agilité que rien dans son apparence n'aurait pu laisser deviner, Rastac le Mendiant attrape au vol la pièce que vous lui jetez. Il ricane :

— Le vieux Sacartch, ce qu'il déteste le plus au monde, c'est l'eau ; l'eau douce bien sûr, puisqu'il vit dans l'eau salée ! Mais rien d'autre ne lui fait peur. Rien de rien !

Là-dessus, il décampe avec une agilité inattendue chez un vieillard. Allégé de 1 Pièce d'Or, vous reprenez en maugréant votre ascension vers la Citadelle. Rendez-vous au **41**.

116

Votre panique est telle que c'est tout juste si vos pieds touchent le sol alors que vous courez vers le toboggan. Et vous plongez dans l'ouverture du mur au moment même où le cylindre crache une nouvelle décharge d'énergie qui vous manque de peu. Mais vous n'avez pas le temps de vous réjouir car un nouveau danger vous guette : la glissière est absolument lisse et ne présente aucune aspérité à laquelle se raccrocher. Votre descente devient bientôt vertigineuse. A la faible lueur de votre Anneau, vous apercevez le bas du toboggan qui se rapproche à une allure folle. Si vous ne réagissez pas, c'en est fait de vous. Allez-vous tenter d'amortir le choc (rendez-vous au **189**) ou préférez-vous lancer un sortilège (rendez-vous au **214**) ?

117

Comme pétrifié, vous ne pouvez rien faire lorsque la statue vous empoigne dans un étau de fer et vous soulève comme un vulgaire jouet. Vous voyez maintenant de très près son visage. Impassible, surnaturel, figé. Le vôtre est crispé par une terreur sans nom. Lentement, avec une indifférence mécanique, des doigts implacables se resserrent autour de votre cou. Une lueur rouge explose dans votre crâne... C'en est fini de votre aventure.

118

— Gagné ! s'écrie l'une des créatures.

Votre adversaire sort de sous sa robe une plaquette d'ivoire. Qu'avez-vous donc gagné ?

— C'est une entrée aux Arènes, vous dit-il.

— Et vous aurez droit à la loge d'honneur, ajoute l'un de ses compagnons.

Sans dire un mot, vous vous saisissez de la plaquette que vous glissez dans votre poche puis vous vous dirigez vers la porte. Rendez-vous au **208**.

119

Le Grener n'est plus maintenant qu'une substance caoutchouteuse ratatinée à vos pieds. Vous penchant, vous brisez d'un geste sec l'un des piquants qui formaient la crinière de la créature et, pensant que cela pourrait vous être utile à un moment ou à un autre, vous le glissez dans votre sac. Ne voyant rien d'autre de bien intéressant en ces lieux, vous rebroussez chemin en direction du hall d'entrée de l'hôtel. Rendez-vous au **152**.

120

La tête baissée pour lutter contre les trombes d'eau qui vous fouettent le visage, vous avancez en plein milieu de l'Allée des Sphinx dont les corps de marbre luisent faiblement lorsque la lune surgit entre deux sombres nuages. Sur leur visage énigmatique aux traits pensifs et sévères, les gouttes de pluie paraissent dessiner de lourdes larmes. Une voix d'outre-tombe vous interpelle alors :

— Toi que la mort guette, nous te saluons !

Terrorisé, vous vous retournez d'une pièce, l'épée à la main. Mais personne ; vous ne voyez personne. Et s'il s'agissait de ce maudit mainate... vous vous promettez de le transformer en oreiller !

— Rengaine ton épée, aventurier, reprend la voix caverneuse. Aucun danger ne peut te menacer auprès de nous.

Votre étonnement est à son comble lorsque vous réalisez que c'est l'un des Sphinx qui s'adresse ainsi à vous.

— Ne sois pas étonné, vous dit un autre Sphinx. Car sache que nous étions, autrefois, les gardiens de Thalios. Grand était le pouvoir qui nous permettait de protéger la cité contre les ennemis qui sont les tiens aujourd'hui. Tu peux nous entendre : tu es donc un grand magicien, car seuls les initiés en Haute Magie ont le pouvoir de comprendre notre langage. Dis-nous ce qui t'amène dans ces pitoyables ruines.
Perplexe, vous contemplez les statues alignées, hésitant quant à la réponse que vous allez leur donner. Si vous vous décidez à leur révéler l'objet de votre mission, rendez-vous au **205**. Mais si vous préférez leur cacher la vérité, rendez-vous au **255**.

121

Le fait que vous possédiez le Gantelet de Lumière vous rend fortement suspect aux yeux du vieillard, qui ne croit pas un mot de votre histoire ! Rendez-vous au **145**.

122

En frissonnant, vous vous approchez de la dépouille de l'homme-insecte. Une humeur verdâtre s'écoule des multiples blessures que vous lui avez infligées, et vous réprimez avec difficulté des hoquets de dégoût. Dédaignant sa rapière dont vous ne sauriez que faire, vous vous saisissez de son Gantelet d'argent que vous reconnaissez aussitôt, le cœur battant, comme étant un Gantelet de Lumière au pouvoir considérable. Vous vous saisissez également d'un petit Diapason qu'il portait accroché à un cordon pendu autour de son cou. Si vous voulez passer sans attendre le Gantelet à votre main, rendez-vous au **236**. Sinon, vous rangez les deux objets dans votre sac et vous revenez du plus vite que vous le pouvez au rez-de-chaussée. Rendez-vous au **241**.

123

— Ch'est abcholument révoltant ! s'indigne le Baron Criq en vous voyant empocher les Pièces d'Or.

Vous n'avez même pas le temps de lui rappeler que c'est lui qui vous a proposé de fouiller son trésor, qu'il reprend, en proie à une terrible fureur :

— Chale mécréant ! Vous vouliez dépouiller che pauvre Baron Criq qui vous faichait confianche. Votre cupidité mérite un châtiment exemplaire. Pourtant, vous m'avez rendu le plus grand des cherviches en me libérant. Auchi, che cherai clément. Che vous laicherai cheulement moisir ici pendant un petit chiècle ou deux. Le temps que vous réfléchichiez aux inconvénients de l'avariche !

Et brusquement, il remet dans sa cavité le lourd bloc de pierre, de sorte que vous restez prisonnier de la salle du trésor. Vous avez beau hurler et taper du poing sur le maudit bloc. En vain. Ce fou de Baron Criq, ce diabolique homme-insecte, vous abandonne à une affreuse agonie : la faim et la soif vous feront mourir à petit feu. Votre aventure se termine ici.

124

Vos incantations magiques font surgir d'un coin d'ombre une effroyable Hydre à neuf têtes dont chacune des abominables gueules crache une bave venimeuse. Confrontés à cette horreur, les Kappas ne s'occupent plus de vous et vous en profitez pour sauter sur le toboggan. En une seconde, vous disparaissez dans les ténèbres. Très vite votre chute s'accélère pour devenir vertigineuse. Et si vous ne faites rien, nul doute que votre réception ne sera pas des plus douces. A vous de décider si vous voulez faire appel à un sortilège (rendez-vous au **214**) ou si vous préférez, tant bien que mal, essayer d'amortir le choc (rendez-vous au **189**).

125

Le Kraken vous enserre de ses tentacules gluants, dans une étreinte à vous briser les os. Impossible de résister. Bientôt il va se repaître de votre cadavre, avant de se blottir à nouveau au fond de sa demeure sous-marine où il pourra digérer en paix pendant les siècles à venir.

126

Un seul de vos adversaires vous fait encore face. Il garde un visage totalement impassible avec un regard fixe. On dirait qu'il ne vous entend même pas lorsque vous lui proposez la vie sauve s'il se rend. Il persiste à se battre, tel un automate, bien que le sol autour de lui soit rougi par le sang de ses compagnons.

Lancez deux dés. Si vous obtenez :

2 ou 3 : vous êtes blessé et vous perdez 3 points d'ENDURANCE ;

de 4 à 12 : votre adversaire perd 3 points d'ENDURANCE.

Si vous êtes vainqueur, rendez-vous au **305**.

127

De toute la force dont vous êtes capable, vous poussez le Pilon contre le gueule du Gavial. Mais vous calculez mal votre coup, et le morceau de bois glisse sur les dents acérées du monstre, mettant vos mains à portée de ses mâchoires. L'espace d'une seconde, le temps paraît se figer. Puis un hurlement déchirant s'échappe de votre gorge : le Gavial vient de vous trancher net une main, et vous voyez le sang jaillir à flots de votre poignet. La créature démoniaque, la gueule dégoulinante de sang, semble maintenant grimacer un abominable sourire. Impossible d'arrêter l'hémorragie. Les jambes flageolantes, vous finissez par vous écrouler sur le sol. C'en est fini de votre existence terrestre. Vous avez échoué dans votre mission.

128

A une centaine de mètres du rivage se dresse le palais du Consul, une imposante bâtisse cernée de hauts murs pour la plupart en excellent état. Consultant votre carte, vous constatez qu'il vous est possible de les franchir par une porte s'ouvrant au nord-est. Après avoir pris quelque repos, vous

vous dirigez rapidement vers cette porte. Voilà longtemps que ses lourds ventaux en ont disparu ; aussi, c'est comme une ombre que vous pénétrez dans la cour intérieure. En son centre se dresse une vasque où devait chanter, autrefois, un clair jet d'eau. Aujourd'hui elle est presque en ruine, et envahie de mauvaises herbes. Non loin de vous, les restes d'une statue sont éparpillés sur le sol, et ce que vous pouvez deviner de sa grâce et de sa beauté témoigne de la richesse passée de Thalios. Le corps principal du palais vous fait face, et la certitude vous vient que c'est là que vous trouverez Maître Girius. Le plus silencieusement possible, vous avancez dans sa direction, la main sur la garde de votre arme, pour le cas où des Kappas seraient embusqués dans les parages. Soudain, vous trébuchez. Vos pieds viennent en effet de se prendre dans un squelette que les herbes folles vous avaient caché. Un charmant accueil qui ne présage rien de bon... L'obscurité est presque totale, et vous allez avoir besoin de l'Anneau de Lumière pour explorer les lieux. S'il est toujours en votre possession, rendez-vous au **62**. Sinon, rendez-vous au **114**.

129

Quel sortilège allez-vous lancer :

Les Frelons de la Mort ?	Rendez-vous au **298**
Le Mirage ?	Rendez-vous au **150**

Si vous préférez ne pas utiliser ces sortilèges particuliers maintenant, rendez-vous au **110**.

130

Le mendiant s'empare prestement de votre Pièce d'Or, vous lance un regard de mépris et, sans le moindre merci, se hâte de disparaître. De quoi vous dégoûter de faire la charité ! En haussant les épaules, vous reprenez votre route vers la Citadelle. Rendez-vous au **41**.

131

Vous voilà débarrassé de la Sirène. Mais vous trouvez inquiétant cet irrésistible courant qui vous entraîne vers la pleine mer. Une seule solution : abandonner la barque et nager vers le rivage. Rendez-vous au **87**.

132

La porte s'ouvre sur un petit escalier menant à un vaste hall, mal éclairé par trois torchères grésillantes. Il y règne une sorte de pénombre maléfique et vous ne distinguez même pas le sol au bas des quelques marches. Cependant, vous apercevez un autre escalier à l'extrémité opposée de la pièce. Il permet d'accéder à une alcôve où trône, sur une stèle de marbre, un grand coquillage en forme de coupe. Si vous souhaitez pénétrer plus avant dans ce hall, rendez-vous au **27**. Mais si vous préférez regagner le couloir, rendez-vous au **247**.

133

Vous traînez sur l'Esplanade les corps lardés de blessures pour les dissimuler dans un recoin d'un bâtiment en ruine. De la sorte, vous risquez moins qu'ils soient découverts par une autre patrouille. Maintenant, vous lancez un regard noir tout autour de vous : si seulement vous pouviez mettre la main sur le misérable volatile qui vient de vous trahir, vous le plumeriez bien volontiers tout vif ! Heureusement pour lui, il a disparu... Rendez-vous au **54**.

134

Pas de Potion, et rien qui pourrait faire office de pont pour traverser le puits. Sauter ? Il n'y faut pas penser, le gouffre est trop large. Avoir affronté tous ces dangers pour en arriver là ! Il faut vous résigner à mourir lentement de faim ; à moins que vous ne soyiez découvert par une patrouille de Kappas qui, alors, feraient de vous leur esclave... Quel que soit le sort — affreux — qui vous attend, vous avez échoué dans votre mission.

135

— Wolfram ! se lamente l'aventurier. Il est mort ! Et je n'ai rien pu faire pour le secourir car il en

132 *L'escalier permet d'accéder à une alcôve où trône un grand coquillage en forme de coupe.*

allait de ma propre vie. Impossible de sortir d'ici. Nous sommes pris au piège. O dieux ! O dieux ! Et le voilà qui s'arrache les cheveux, maintenant ! Agacé, vous lui enjoignez sèchement de se taire et vous poussez la porte. Devant vous s'ouvre un puits profond qu'enjambe une étroite planche. Au fond de ce puits stagne une eau boueuse d'où émergent par endroits des piquets de fer rouillés. A l'évidence, la traversée de ce gouffre est des plus risquées. Si vous voulez quand même tenter votre chance (mais pour cela votre total d'HABILETÉ ne doit pas être inférieur à 4, faute de quoi vous risquez la chute fatale), rendez-vous au **17**. Si vous préférez revenir sur vos pas, rendez-vous au **152**.

136

Vous hurlez de douleur lorsque les dents acérées du monstre se plantent dans votre bras. La blessure qui en résulte est si grave que vous perdez 7 points d'ENDURANCE. S'il vous reste une étincelle de vie, rendez-vous au **66**.

137

Comme inspiré par un sixième sens, vous vous rappelez la mystérieuse fiole d'albâtre. Et comme vous n'êtes pas homme à ignorer un pressentiment, vous n'attendez pas pour déboucher cette fiole et en boire le contenu. Le goût en est douceâtre, sirupeux. Bref, vous faites la grimace alors qu'une force extraordinaire se répand dans tout votre organisme. Aucun doute n'est permis : vous venez d'absorber un Elixir de Vigueur. Saisir les barreaux de la grille et les tordre devient pour vous un jeu d'enfant. Maintenant, vous pouvez vous emparer des rênes en cuir noir, si vous le désirez, avant de quitter ce réduit et vous engager dans le couloir qui lui fait face. Rendez-vous au **93**.

138

De toutes vos forces, vous tentez d'enfoncer le pilon de bois dans la gueule du monstre. Encore faudrait-il l'obliger à desserrer les mâchoires ! Lancez un dé. Si vous obtenez :

de 1 à 3 : rendez-vous au **127** ;
4 ou plus : rendez-vous au **251**.

Si vous portez le Gantelet de Lumière, vous pouvez ajouter 1 point au résultat obtenu.

139

Si les Frelons de la Mort sont des plus efficaces contre un être vivant, vous auriez dû vous douter qu'il était inutile de les lancer contre une créature de bronze. Aussi enragés soient-ils, ils ne peuvent que s'agglutiner en une masse bourdonnante autour de l'Idole qui, impavide, continue d'avancer vers vous. Rien d'autre à faire que de vous défendre. Rendez-vous au **270**.

140

Jamais vous n'avez vu le Tigre de Feu réagir de la sorte : il hésite, feule en se ramassant sur ses pattes, tourne la tête vers vous d'un air menaçant. Mais finit néanmoins par vous obéir. Toutes griffes dehors, il saute sur la statue. Mais que faire contre une créature de bronze ? Le combat est par trop inégal. Aussi, vous vous précipitez vers l'Allée des Sphinx. Rendez-vous au **28**.

141

Soudain l'air est déchiré par un véritable coup de tonnerre, alors qu'un rayon bleuâtre vous siffle aux oreilles avant de s'écraser sur le mur dont il arrache des débris de pierre en fusion. Le cœur battant à tout rompre, vous vous jetez sur le sol et, lançant un regard derrière vous, vous apercevez deux Kappas à l'allure menaçante se tenant devant la grille. L'un d'entre eux porte une arme étrange : une sorte de cylindre métallique dont la pointe incandescente est dirigée droit vers vous. Allez-vous :

Lancer un sortilège ? Rendez-vous au **302**

Livrer combat ? Rendez-vous au **229**

Vous précipiter vers le toboggan ? Rendez-vous au **116**

142

Débarrassé de vos deux adversaires, vous reprenez votre pénible progression vers le rivage. Durant les minutes affreuses de ce combat sans merci, vous avez failli céder au désespoir. Pourtant, vous avez vaincu les Gnomes Gluants. De même, vous en avez la certitude, vous vaincrez les haïssables Kappas, comme vous en avez fait le serment en tant que Preux Chevalier Magicien du Royaume d'En-

Haut. Dans un dernier effort, vous parvenez enfin à mettre le pied sur la presqu'île où s'élève le palais du Consul. Rendez-vous au **128**.

143

Vous avez à peu près franchi la moitié de la distance vous séparant de l'autre bord du puits, lorsque vous perdez l'équilibre. En proie à une intense panique, vous faites de grands moulinets de vos bras, en jetant des regards effrayés sous vos pieds. Dans un ultime réflexe, vous vous ramassez sur vous-même et, vous détendant d'un coup, vous tentez d'un bond prodigieux de vous tirer de ce mauvais pas. Lancez deux dés. Si le résultat obtenu est égal ou inférieur à votre total d'HABILETÉ, vous retombez sur le sol, tremblant, certes, mais sain et sauf. Rendez-vous alors au **52**. Si le résultat est supérieur, la planche se brise sous votre élan, et vous êtes précipité au fond du puits où vous vous empalez sur les tiges de fer rouillé. Une fin peu glorieuse pour un aventurier de votre trempe...

144

Arrivant à l'extrémité d'une ruelle, vous débouchez sur une Esplanade dominée par les ruines d'un imposant monument surmonté d'un dôme : le Pantechnicum, vous apprend votre carte. Les pavés sont jonchés de tuiles brisées, tombées des toitures environnantes. A cinquante mètres à peine, patrouillent deux Kappas dont la carapace de corail luit faiblement au clair de lune. Soudain, ils se dirigent dans votre direction, et vous n'avez que le temps de vous tapir dans l'ombre. Mais bientôt ils s'arrêtent devant l'entrée voûtée du Pantechnicum. L'un d'eux sort alors une plaquette de sa ceinture et, tout en la consultant, ils se lancent dans une vive discussion. Ces démons qui demeurent dans des lieux sous-marins n'utilisent sans doute pas de papier ; et sur cette plaquette est certainement gravé le plan de la ville grâce auquel ils peuvent vérifier l'itinéraire de leur ronde. Peut-être pouvez-vous en profiter pour vous faufiler jusqu'à l'Allée des Sphinx (rendez-vous au **304**). Mais si vous préférez attendre que les Kappas s'éloignent, rendez-vous au **170**.

145

— Criq ! Mon ami Criq ! Tu l'as assassiné ! hurle le vieillard. Jeune blanc-bec qui ose porter la robe de magicien, le compagnon de Tchou saura te montrer ce qu'est le pouvoir d'un véritable sorcier et je doute, minable pleutre, que tu survives à cette leçon. Avec un ricanement sinistre, il lance un regard à l'araignée juchée sur son épaule. Une lueur cruelle envahit alors les mille facettes des yeux du répugnant insecte. Vite, il faut prendre une décision. Allez-vous dégainer votre épée (rendez-vous au **188**) ou préférez-vous vous ruer vers la porte (rendez-vous au **67**) ?

146

Trop tard : la masse énorme du pilier s'écroule sur votre corps. Vous voilà écrabouillé comme un insecte le serait sous le pas d'un homme. Votre aventure se termine ici.

147

De retour sur la place où se dresse le Pantechnicum, vous sursautez en entendant soudain des éclats de voix. Aussitôt, vous vous cachez dans l'ombre d'un portique branlant et de là, bien à l'abri, vous voyez déboucher une patrouille de Kappas traînant derrière eux un corps inerte. Bientôt ils s'arrêtent, et les Sentinelles Craboïdes qui les accompagnent en profitent pour se jeter sur le corps qu'ils commencent à déchirer à pleines pinces. Et s'il s'agissait de Maître Girius ?... Non, vous ne pouvez l'imaginer. Lorsque les Kappas quittent la place trainant toujours derrière eux les restes de leur macabre fardeau, vous sortez de votre abri. Rendez-vous au **54**.

148

A la condition que vous les possédiez, vous pouvez utiliser le sortilège du Spiritisme (rendez-vous au **281**) ou une Potion d'Apesanteur (rendez-vous au **25**). Mais si vous n'avez rien de cela ou si vous pensez que ni le sortilège ni la Potion ne peuvent vous être d'aucune utilité dans cette situation, vous vous précipitez sans attendre vers la barque. Et vogue la galère ! (rendez-vous au **109**).

149

De toutes vos forces, vous abattez votre épée. Qui se brise en deux dans un claquement métallique. Dorénavant, et ce jusqu'à ce que vous trouviez une nouvelle épée, il vous faudra retrancher 1 point au résultat donné par les dés lors des combats que vous livrerez. L'air quelque peu piteux, vous contemplez le moignon d'arme qui vous reste dans la main et vous pestez en constatant que vous n'avez même pas réussi à égratigner le bloc cristallin. Si vous persistez à vouloir libérer le mystérieux personnage, vous pouvez invoquer le Tigre de Feu — à la condition que vous possédiez ce sortilège. Rendez-vous alors au **104**. Mais peut-être pensez-vous qu'il est grand temps de vous remettre à la recherche de Maître Girius ? Si tel est le cas, vous vous précipitez au rez-de-chaussée et rendez-vous au **241**.

150

Votre double vient d'apparaître à votre côté ! Ce qui semble plonger le Kraken dans la plus totale confusion. Le monstre semble hésiter sur l'adversaire à attaquer en premier lieu.

Lancez un dé. Si vous obtenez :

de 1 à 3 : le Kraken bondit sur votre double, et vous en profitez pour vous ruer vers la porte et, après avoir grimpé les marches, vous vous retrouvez dans le hall. Rendez-vous au **107** ;

de 4 à 6 : pas de chance. C'est vers vous que sifflent les tentacules. Rendez-vous au **110**.

151

Quelle horreur : vous ne vous sentez plus capable d'invoquer le moindre de vos sortilèges ! Sacartch le Funeste par sa seule présence maléfique neutralise votre volonté. Un seul espoir : que cette faiblesse soit passagère. Mais cela n'aura pas grande importance si vous ne trouvez pas immédiatement un moyen de le vaincre car, d'un seul coup de ses énormes sabots, il vous inflige une très douloureuse blessure à un bras qui vous fait perdre 4 points d'ENDURANCE. Si vous êtes encore en vie, il faut de toute urgence réagir. Allez-vous attaquer le démon avec votre épée (rendez-vous au **50**) ou utiliser un objet en votre possession (rendez-vous au 7) ?

152

L'homme aux cheveux blancs gémit toujours, tassé dans son coin. Vous voyant vous diriger vers la porte, il se soulève sur un coude et vous crie d'une voie aiguë :

— Non ! Vous n'avez rien compris ! Si vous quittez ces lieux, vous finirez comme Wolfram !

— Et que voulez-vous donc que je fasse ? répliquez-vous, quelque peu agacé par ce pleurnichard. Vous ne croyez quand même pas que je vais moisir ici toute la nuit en laissant le champ libre à ces maudits Kappas ?

L'espace d'un instant, l'idée vous traverse l'esprit d'emmener l'homme avec vous. Une second épée ne serait pas à dédaigner... Mais non. Il est dans un état de faiblesse tel qu'il vous gênerait plus qu'il ne pourrait vous aider. En haussant les épaules, vous sortez d'un pas résolu dans le jardin sans plus prêter attention à ses avertissements. Rendez-vous au **73**.

153

Vous hésitez quelque peu avant de vous engager de nouveau sur la frêle planche. Mais vous n'avez pas le choix, car la créature vous serre de près. Aussi, tous vos sens en alerte, vous faites un pas, puis un autre, et un autre encore... avant de vous arrêter net. Le Grener vole autour de vous, vous effleurant au passage au risque de vous faire perdre l'équilibre et de vous précipiter au fond du puits. Il vous est impossible d'échapper au combat, et il vous sera très difficile de garder votre équilibre.

Lancez deux dés. Si vous obtenez :

de 2 à 7 : la chevelure minérale du Grener vous laboure l'épaule, et vous perdez 3 points d'ENDURANCE ;

de 8 à 12 : vous portez un coup d'épée au Grener qui perd 3 points d'ENDURANCE.

Mais attention : au début de chaque Assaut, vous devrez lancer un dé pour savoir si vous perdez l'équilibre ou non. Si le résultat obtenu est égal ou inférieur à votre total d'HABILETÉ, vous pouvez poursuivre le combat. Mais si ce résultat est supérieur, c'en est fait de vous : vous basculez dans le vide (en hurlant), et vous vous empalez sur les pieux de fer rouillé... Si vous sortez vainqueur de ce combat, rendez-vous au **222**.

154

Vous tendez la main vers le coffret. Il est fait d'un métal sombre qui luit lugubrement sous les premières lueurs de l'aube. Sur le fermoir est gravé un étrange symbole runique. Intrigué, vous en approchez la main. Mais à peine l'avez-vous touché que le couvercle se soulève, laissant échapper une intense lumière vert émeraude. A demi ébloui, vous clignez des yeux, et enfin, vous *le* voyez. Sur un coussin de velours grenat repose une énorme gemme, lisse et limpide comme l'eau d'un lac : l'Œil du Dragon ! Retenant votre souffle, vous l'effleurez des doigts. Aussitôt un flux de radiations psychiques envahit votre cerveau. Émises par la pierre, elles forment un faisceau d'ondes dont une seule pourra vous permettre de vous rendre maître de l'Œil du Dragon. Il vous faut de toute urgence détecter la bonne longueur d'onde et l'accorder avec le pouvoir récepteur de votre cerveau. Il vous suffit de quelques secondes pour en éliminer une grande quantité. Il vous en reste trois. Voilà un exploit dont seul est capable un magicien émérite. Encore faut-il déterminer l'unique longueur d'onde qui ne vous sera pas fatale. Laquelle choisirez-vous :

La haute fréquence ? Rendez-vous au **248**

La moyenne fréquence ? Rendez-vous au **86**

La basse fréquence ? Rendez-vous au **175**

155

Debout sur les marches dominant les étranges ténèbres, vous buvez le contenu de la fiole. L'effet est immédiat : vous voilà maintenant en état d'apesanteur, capable de traverser le hall sans toucher le sol. Connaissant l'action éphémère de ce genre de potion, vous prenez d'un geste vif le contenu de la coupe et, tout aussi vite, vous revenez à votre point de départ pour examiner votre butin. Les ténèbres dissimulent toujours le sol, et vous sentez en leurs seins la présence de puissances maléfiques. Ce que vous tenez à la main est une longue pièce de tissu blanc et soyeux, très résistant malgré son extrême finesse. Plié, ce tissu tient très peu de place et vous le glissez dans votre sac. Mieux vaut à présent revenir à l'escalier menant au rez-de-chaussée. Rendez-vous au **88**.

156

Vous pataugez péniblement dans le sable mouillé d'une espèce de fondrière où vous enfoncez parfois jusqu'aux genoux. Sable mouillé ou sables mouvants ? Vous avez l'impression que ce marécage vous aspire, vous retient, vous empêche d'avancer avec de hideux soupirs qui ressemblent à des claquements de lèvres. Vite épuisé, vous lancez des regards de détresse vers ce rivage maintenant à peine distant d'une vingtaine de mètres mais qui paraît si loin ! Soudain, il vous semble apercevoir deux silhouettes, là, juste devant vous ! A ce moment, un nuage masque la lune vous faisant douter de cette sinistre apparition. Mais le nuage

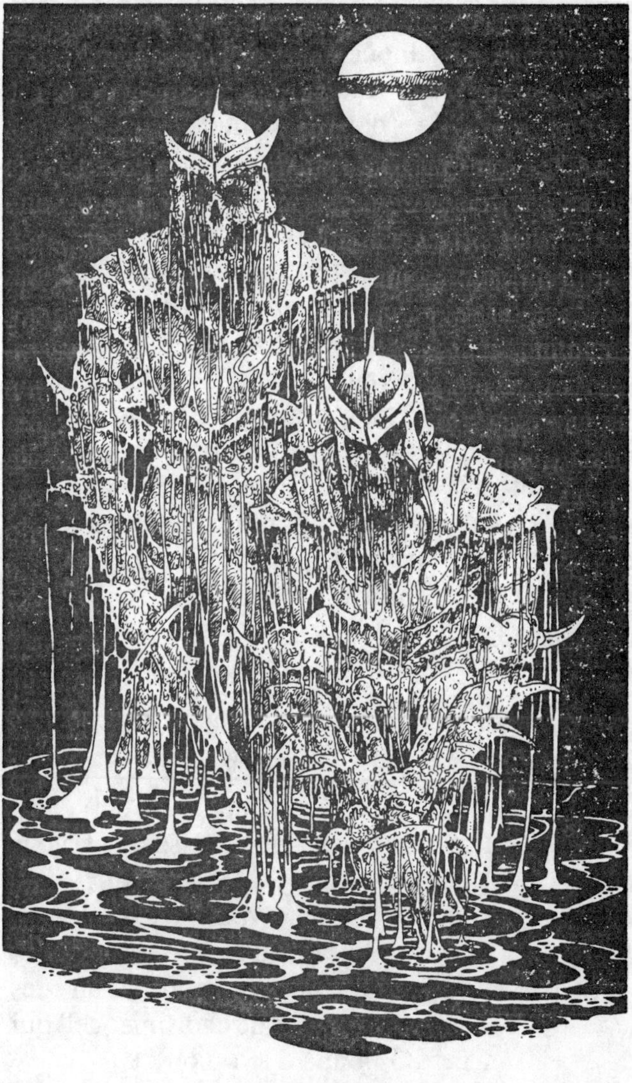

156 *Vous avez affaire à des Gnomes Gluants, autrefois vaillants guerriers de l'antique cité...*

passé, il faut vous rendre à l'évidence. Lugubres et menaçantes les silhouettes se tiennent bien devant vous : deux êtres ratatinés revêtus de pièces d'armures rouillées d'où pendent des algues gluantes, et dégageant une atroce odeur de pourriture et de relents de décomposition. Une vision d'épouvante, car les visières relevées de leurs heaumes révèlent non pas des visages, mais des faces de morts aux orbites creuses habitées par des tentacules visqueux. Vous avez affaire à des Gnomes Gluants, autrefois vaillants guerriers de l'antique Cité, réduits désormais à apporter la mort. Vous n'avez même pas le temps d'utiliser un sortilège qu'ils ont déjà levé à deux mains leurs pesantes rapières. La Fuite ? Impratiquable dans cette masse boueuse qui vous paralyse les chevilles. Il vous faut livrer combat.

Premier GNOME GLUANT	ENDURANCE : 15
Second GNOME GLUANT	ENDURANCE : 15

Lancez deux dés. Si vous obtenez :

de 2 à 4 : les Gnomes vous blessent, et vous perdez 6 points d'ENDURANCE ;

de 5 à 8 : un seul Gnome vous blesse, et vous perdez 3 points d'ENDURANCE ;

de 9 à 12 : vous parvenez à frapper l'un des Gnomes (à vous de choisir lequel) qui perd 3 points d'ENDURANCE.

Si vous parvenez à vous défaire d'un Gnome, rendez-vous au **11**.

157

A peine avez-vous lancé le sortilège, qu'une immense flamme jaillit et qu'un tigre flamboyant bondit de l'une des torchères. Il se jette aussitôt sur l'Idole et ces deux créatures d'un autre monde se livrent bientôt un combat sans merci. L'Idole se défend à grands coups d'épée contre les attaques sauvages du fauve de feu assoiffé de sang dont les griffes acérées tracent des sillons de métal en fusion dans le corps du dieu. Si vous souhaitez attendre l'issue du combat, rendez-vous au **224**. Mais si vous jugez plus sage de renoncer à vous engager dans le passage secret, vous pouvez revenir sur l'Esplanade, au dehors. Rendez-vous dans ce cas au **274**.

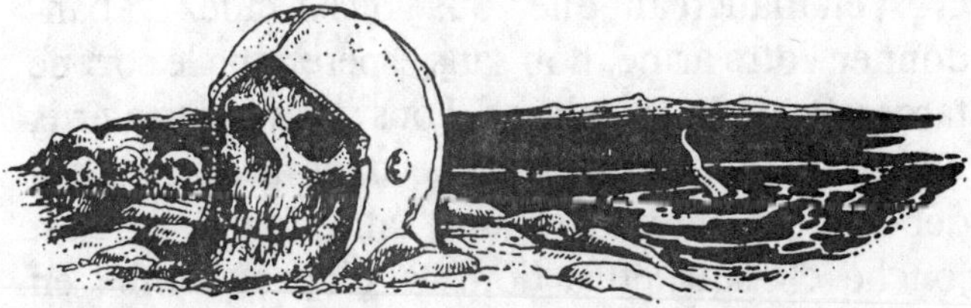

158

Rien à faire : vous voilà bientôt cerné par ces impitoyables crustacés. Des pinces coupantes comme des rasoirs déchirent vos vêtements et arrachent voluptueusement des lambeaux de votre chair. Vous poussez un cri d'épouvante qui résonne — lugubre — dans les profondeurs des bâtiments abandonnés. Vous n'en poussez pas deux : car la masse grouillante de Crabes vous recouvre maintenant. Ils se battent même entre eux dans leur impatience avide. Bientôt, ils vont se repaître de vos restes mettant un terme à votre aventure.

159

— Honorable tentative ! s'exclame votre adversaire. Et qui mérite un prix de consolation. Tenez, prenez cette magnifique plume d'oie.
Et, de dessous sa robe, il tire une plume d'oie effectivement très belle. Vous la rangez soigneusement dans votre sac et, après l'avoir remercié, vous vous dirigez vers la porte en faisant la sourde oreille à leur proposition de participer à un nouveau jeu. Rendez-vous au **208**.

160

C'est en maugréant que vous vous décidez d'abandonner votre arme, non sans espérer que le sort ne tardera pas à la remplacer. Tous vos sens en alerte, vous reprenez votre marche dans le tunnel qui débouche bientôt dans une salle dont le sol est jonché de squelettes dont la plupart tombe en poussière. Des restes d'armures les recouvrent encore, et les phalanges osseuses de certains d'entre eux sont toujours crispées sur la garde d'une épée, d'une lance ou d'un cimeterre. Sans doute vous trouvez-vous en présence des victimes du monstre que vous venez de vaincre ? Surmontant votre dégoût, vous arrachez à l'une de ces ombres un sabre à large lame. Il ne vous sera pas d'un aussi grand secours que votre épée car il est quelque peu rouillé. C'est pourquoi, et pour le restant de votre aventure, vous devrez, lors d'un combat, retrancher 1 point au résultat obtenu en lançant les dés (sauf lorsque vous ferez 2). Cependant, si vous portez — ou si vous venez à porter — le Gantelet de Lumière, ne tenez pas compte de cette pénalité. Maintenant, vous pouvez quitter cette salle en vous engageant dans un couloir qui s'ouvre face à vous. Rendez-vous au **219**.

161

Le vieil homme hoche la tête, comme s'il croyait votre récit. En souriant, il vous informe que son nom est Tchou (heureusement, il ne vous présente pas son araignée !), et il ajoute que, puisque vous portez la robe des magiciens, il va réaliser pour vous un tour que vous ne connaissez certainement pas et auquel vous trouverez le plus grand intérêt. Sans vous laisser le temps de répliquer, il dispose rapidement trois coquillages pointus et luisants sur la table de corail ainsi qu'une petite perle. Tandis qu'il était tout à ses préparatifs, vous avez remarqué l'étrange bracelet de cuivre qui s'agitait à son poignet.

— Voilà, dit-il. Je vais maintenant cacher la perle sous l'un des coquillages. Comme ceci. Et maintenant, observez attentivement : je vais déplacer les coquillages. Essayez de ne pas perdre des yeux celui qui dissimule la perle. Facile, n'est-ce pas ? Trop, peut-être... Alors, corsons le jeu. Si vous désignez le bon coquillage, je vous donnerai un des précieux objets que je possède. Sinon, c'est vous qui me ferez un cadeau.

Si vous ne voulez pas prendre le risque de perdre

une pièce de votre équipement, vous pouvez quitter la grotte pour reprendre votre marche dans le couloir. Rendez-vous, dans ce cas, au **288**. Si, en revanche, vous acceptez son marché, choisissez parmi vos objets celui que vous voulez parier (à l'exception de votre épée et de l'Anneau de Lumière) et rendez-vous au **6**.

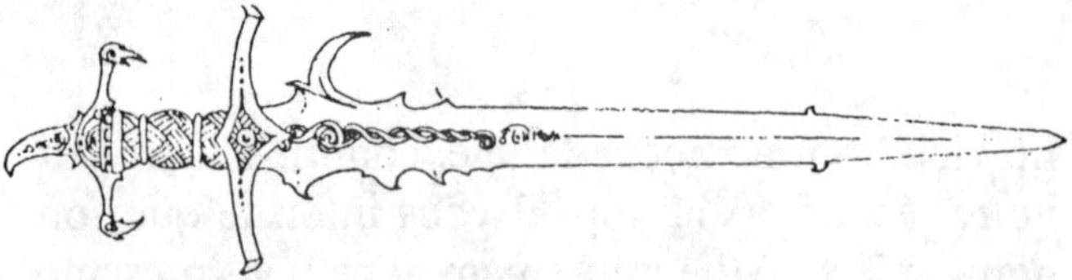

162

Vous progressez depuis quelque temps dans un étroit couloir, lorsqu'une abominable puanteur vous coupe soudain le souffle. Secoué de nausées, vous accélérez le pas et vous ne tardez pas à déboucher dans une pièce aux murs et au plancher gluants de sang à demi coagulé. Pour un peu vous vous croiriez dans un abattoir, si ce n'était le fait qu'il n'y a pas là la moindre carcasse d'animal. Le cœur soulevé de dégoût, vous vous pincez les narines et vous vous précipitez au hasard vers l'une des nombreuses issues de cette pièce. Pour vous retrouver dans un invraisemblable labyrinthe. Confiant dans votre sens de l'orientation, vous avancez sans hésiter. Vous n'avez pu éviter de marcher dans le sang et vous grimacez en remarquant les traces gluantes laissées par vos bottes. Si vous voulez prendre le temps de vous arrêter pour rincer vos semelles avec l'eau de votre Outre (ou avec un quelconque liquide que vous posséderiez), rendez-vous au **308**. Si vous préférez poursuivre votre chemin, rendez-vous au **252**.

163

En prenant soin de ne pas pénétrer dans le pentacle, vous traversez la pièce. Les trois personnages se sont levés, mais ils se sont arrêtés au bord de la figure géométrique, comme si une barrière invisible les empêchait d'aller plus loin. Vous avez presque atteint la porte lorsqu'ils s'écrient en chœur :

— Attendez ! Vous n'êtes pas obligé de pénétrer dans le pentacle si vous voulez jouer. Venez au bord, cela suffira !

Si vous acceptez, rendez-vous au **42**. Mais si vous jugez plus prudent d'ignorer leur invitation, rendez-vous au **208**.

164

Lancez deux dés. Si le résultat obtenu est égal ou inférieur à votre total d'HABILETÉ, rendez-vous au **166**. S'il est supérieur, rendez-vous au **146**.

165

Un bref ricanement résonne dans la nuit, tandis que vous laissez tomber à terre votre bourse pleine de Pièces d'Or (n'oubliez pas de modifier votre Feuille d'Aventure en conséquence).

— Et maintenant, file ! ordonne une autre voix.

Seul contre plusieurs, vous n'avez pas le choix. Sans demander votre reste, vous vous éloignez. Un souffle, tout à coup, effleure votre joue : un mainate vient de vous frôler d'un coup d'aile, et maintenant il pousse un cri ressemblant fort à un ricanement. La ruelle résonne des jurons que vous connaissez lorsque vous comprenez que vous avez été berné par ce volatile. Retourner en arrière pour récupérer l'or ? Il n'y faut pas songer : le temps vous est compté. C'est en maugréant contre vous-même que vous reprenez votre chemin. Rendez-vous au **144**.

166

Il était temps ! Sans doute vous êtes-vous quelque peu meurtri en roulant sur vous-même, mais du moins avez-vous échappé à la masse de pierre qui vient de s'écraser sur le sol dans un nuage de poussière. Lentement, vous vous redressez, vous protégeant, les bras croisés au-dessus de la tête, des moellons tombant encore du plafond. Secoué d'une toux sèche, vous jetez un regard sur le spectacle de désolation qui vous entoure : tout n'est que ruine. Mais la pâle lueur de la lune éclaire les premières marches d'un escalier qui ne peut que vous ramener qu'au rez-de-chaussée. Et c'est envahi par une intense lassitude que vous vous y dirigez. Rendez-vous au **241**.

167

Après avoir débouché la fiole, vous en répandez le contenu sur la surface du bloc à l'aspect cristallin. Si vous aviez réellement espéré voir se dissoudre cet étrange minéral vous êtes tout à fait déçu, car il ne se passe rien. Absolument rien. En jurant, vous vous débarrassez du récipient maintenant vide qui se fracasse sur les dalles de la terrasse tout en vous demandant à quoi aurait bien pu vous servir du vinaigre ! Peut-être serait-il plus sage de quitter cet endroit pour vous mettre à la recherche de Maître Girius ? Si vous en décidez ainsi, vous regagnez sans attendre le rez-de-chaussée, et rendez-vous au **241**. Mais si vous tenez absolument à délivrer le mystérieux personnage entrevu dans le cristal — ou la glace —, vous pouvez utiliser une Harpe sertie de rubis (rendez-vous au **195**), lancer le sortilège du Tigre de Feu (rendez-vous au **104**), à la condition que vous possédiez l'un ou l'autre, ou tenter de briser cette « chose » d'un coup d'épée (rendez-vous au **149**).

168

Pendant longtemps, vous errez à travers un dédale de couloirs sinueux et de chambres vides. Enfin, vous arrivez au bas d'un majestueux escalier que vous gravissez avec la plus grande prudence. Mais, alors que vous alliez atteindre le palier supérieur, un spectacle hallucinant vous fait arrêter net. Une main jaunâtre, coupée à la hauteur du poignet, flotte vers vous en agitant ses doigts comme si elle voulait vous faire signe de la suivre ! Et il émane de cette apparition une telle volonté, que vous ne pouvez vous empêcher d'obéir à son invite. De nouveau, vous suivez des couloirs qui n'en finissent pas, vous traversez des salles, des chambres, vous montez des escaliers. Soudain, la main s'immobilise et, tendant l'index, elle vous désigne une porte de bronze. A l'évidence, elle vous intime l'ordre de la pousser ! Si vous décidez d'ouvrir cette porte, rendez-vous au **228**. Mais si vous jugez plus prudent de faire appel au sortilège de Télépathie pour savoir auparavant ce qui se trouve derrière, rendez-vous au **194**.

169

Votre sortilège fait apparaître un superbe triton que la sirène contemple avec fascination. Dirigé par les ondes de votre esprit, il s'éloigne d'un élan gracieux et la sirène ne peut s'empêcher de le suivre. Vous voilà débarrassé de l'encombrante et séduisante créature. Pourvu qu'elle ne soit pas trop déçue de n'étreindre que du vent ! Rendez-vous au **131**.

170

Les Kappas finissent par prendre une décision et se dirigent vers le sud. Craignant l'arrivée d'autres patrouilles, vous rasez les murs pour atteindre le Pantechnicum. Cet édifice colossal abritait autrefois de somptueuses collections d'antiquités, mais il a été si souvent pillé que ce serait miracle s'il renfermait encore quelque chose. Néanmoins, vous vous décidez à y pénétrer. La grille cède sous votre poussée avec un grincement de gonds rouillés et vous priez le ciel en espérant qu'aucun Kappa ne rôde dans les environs. Avec la plus grande prudence, vous entrez. Rendez-vous au **192**.

171

Le couloir se termine sur une pièce minuscule. Sur une étagère sont posées deux fioles. D'un geste prompt, vous en débouchez une et vous en reniflez le contenu. Aucun doute n'est permis, vous venez de découvrir une Potion d'Apesanteur. Mais vous êtes incapable de reconnaître le contenu de l'autre. Après avoir rangé les deux fioles dans votre sac, vous rebroussez chemin vers l'escalier menant au rez-de-chaussée. Rendez-vous au **88**.

172

Cette vertèbre, peu commode à manier, est hérissée de piquants. Une arme archaïque, mais une arme tout de même !

GAVIAL ENDURANCE : 12

Lancez deux dés. Si vous obtenez :

de 2 à 8 : vous recevez un coup de griffe qui vous fait perdre 3 points d'ENDURANCE ;

de 9 à 12 : vous blcsscz le monstre qui perd 3 points d'ENDURANCE.

Si vous possédez le Gantelet de Lumière, n'oubliez pas que vous pouvez ajouter 1 point au résultat donné par les dés. Si vous êtes vainqueur, rendez-vous au **76**.

173

Vous lancez le sortilège en fixant le monstre droit dans les yeux. Aussitôt, vous voyez ses prunelles rouges rouler éperdument dans leurs orbites, comme si elles cherchaient à voir dix choses à la fois. Affolé, le Reptile agite ses larges ailes à la consistance de cuir en mouvements désordonnés, pour tenter de prendre son essor. Mais, gêné par son immense envergure, il retombe sur le sol de l'Arène. L'épée brandie, vous vous ruez sur lui. Rendez-vous au **49**.

174

Il n'est pas spécialement difficile de berner les Gavials, car l'intelligence n'est pas la principale de leurs qualités. Celui qui vous fait face ne fait pas exception à la règle : il s'immobilise brusquement, l'air éperdu, jetant des regards ahuris de tous côtés, comme s'il avait oublié la raison de sa présence en ces lieux. Puis il se détourne pesamment et s'éloigne dans le tunnel. Vous essuyez votre front baigné de sueur. Rendez-vous au **76**.

175

Sûr de vous, vous concentrez toute votre énergie sur la fréquence choisie, et bientôt vous sentez la force mystique de l'Œil envahir votre esprit. Déjà une horde hurlante de Kappas escalade les marches de la pyramide pour vous attaquer. Froidement, vous les regardez approcher. Puis, lentement, vous élevez l'Œil au-dessus de votre tête. Aussitôt, du joyau d'émeraude jaillit un faisceau lumineux aveuglant. Épouvantés, les Kappas s'arrêtent net : en une fraction de seconde, toutes leurs armes — épées et dagues — ont été pulvérisées, et leurs poings ne serrent plus que le vent ! Le chef suprême des Kappas se dresse devant vous.

Instruit par le pouvoir que vous confère l'Œil du Dragon, vous lisez dans ses pensées : il règne dans son cerveau une panique indescriptible. Il tremble de peur et n'ose pas vous attaquer. Grâce à un autre pouvoir que vous donne l'Œil — la Télépathie —, vous parlez à vos adversaires sans même ouvrir la bouche :

— Vous êtes vaincus, affirmez-vous, sans forces et désarmés. Retournez dans vos forteresses sous-marines. Dites à vos semblables que nous, les humains, sommes en possession de l'Œil du Dragon. Si vous osez nous attaquer de nouveau, soyez bien sûrs que nous déchaînerons contre vous tout son pouvoir. Et maintenant, partez !

Les Kappas se détournent, tête basse, et se dirigent vers le bord de l'eau. Ils y pénètrent à pas lents et les flots se referment sur eux. Le chef suprême disparaît le dernier. Mais, auparavant, il vous a lancé un long regard et vous lisez cette phrase dans sa pensée.

— Adieu, humain. Vous étiez un adversaire digne de nous.

Rendez-vous au **310**.

176

Les ombres franchissent sur vos talons la porte, telle une meute assoiffée de sang. Et vous constatez avec horreur qu'au fur et à mesure qu'elles dépassent les défenses de mammouth elles se matérialisent. Bientôt, vingt gladiateurs armés de leurs filets et de leurs tridents vous entourent. Le combat, trop inégal, est perdu d'avance, mais vous refusez de mourir sans vous défendre. Tirant votre épée, vous vous ruez vers le plus proche de vos ennemis. Mais, à peine l'avez-vous frappé, qu'il se dissout en une brume grisâtre. Vous recommencez avec un autre, puis un troisième ; à chaque fois le même phénomène se répète ! Et soudain vous éclatez de rire en réalisant que vous étiez prêt à vendre chèrement votre vie... en combattant des fantômes ! Quelques moulinets de votre épée suffisent à faire place nette et, après avoir repris votre souffle, vous vous enfoncez plus avant dans la Citadelle des Énigmes. Rendez-vous au **162**.

177

Prenant votre élan, vous effectuez un saut périlleux qui vous paraît durer une éternité. A tel point que vous avez l'impression que votre corps s'est désarticulé. Enfin, vous atteignez le sol, en poussant un hurlement de douleur. Lancez deux dés, et retranchez le résultat obtenu de votre total d'ENDURANCE, car vous venez de vous fouler le pied. Si, après cela, vous êtes toujours en vie, n'oubliez pas de retrancher 1 point de votre total d'HABILETÉ. En boitillant, vous vous dirigez vers un escalier menant au rez-de-chaussée. Un rugissement étranglé vient de vous prévenir que le Baron a mis un terme définitif à l'existence éphémère de votre sortilège. Rendez-vous au **241**.

178

Avec la désagréable impression d'être épié, vous traversez l'Arène et vous vous engagez dans le tunnel opposé qui débouche dans un quartier désert. Les patrouilles de Kappas doivent toujours vous rechercher vers l'Allée des Sphinx et ses environs. Rendez-vous au **240**.

179

Allez-vous :

Boire une potion d'Apesanteur ?	Rendez-vous au **25**
Tirer des notes d'une harpe sertie de rubis ?	Rendez-vous au **204**
Lancer un sortilège de Spiritisme ?	Rendez-vous au **281**

Si vous ne disposez d'aucune de ces possibilités, il vous faut trouver une barque. Rendez-vous au **72**.

180

Pas plus rassuré que cela, vous contemplez, tout en bas, le paysage qui défile sous la quille. A l'horizon se précise maintenant une pyramide gigantesque en pierres de couleur ocre : le Monument des Héros. A sa base s'agite une véritable fourmilière de Kappas dont les armes étincellent au soleil.
— Aidez-moi à diriger cette nacelle ! s'écrie Girius.
Les deux gardes, cramponnés à la rambarde, ont l'air malades de peur, mais le vieux Girius, lui, paraît s'amuser follement. Vous criez dans le vent qui vous siffle aux oreilles :

— Connaissez-vous la manœuvre ?
— Je n'en sais pas plus que vous à ce sujet, répond Girius, et nous n'avons pas le temps d'apprendre !
Vous avez donc recours à la seule solution possible : amener la voile pour essayer d'atterrir directement au sommet du monument. Il y a là, en effet, une sorte de plate-forme qui vous permettrait de vous poser. Mais il y a aussi trois guerriers Kappas, entourant un personnage de haute taille — leur chef suprême, à n'en pas douter. Ses doigts maigres et crochus sont pour le moment dirigés vers le champ de force de Girius, et vous pouvez vous rendre compte de la concentration qui est la sienne alors qu'il essaye de le neutraliser.
— Mon champ de force ! s'écrie Girius médusé. Je l'avais disposé autour du coffret contenant l'Œil, mais il est en train de le briser !
Votre descente est maintenant rapide. Et l'agitation ainsi que les cris des Kappas qui cernent la pyramide vous avertissent que vous avez été découverts. Vous tombez comme une pierre et chacun se cramponne comme il le peut, jusqu'au moment où, le voilier touchant violemment la plate-forme, il se brise comme une coque de noix projetant ses passagers sur le sol de pierre. Aucun de vous n'est blessé, heureusement. Déjà vos deux gardes se ruent vers les trois Kappas, suivis de près par Maître Girius qui s'est saisi d'un gourdin dont il fait de terribles moulinets. Quant à vous, vous vous dirigez vers le chef suprême. Rendez-vous au **34**.

180 *A l'horizon se précise une pyramide gigantesque en pierre de couleur ocre : le Monument des Héros.*

181

Sous une avalanche de tuiles brisées et de débris de poutres, vous disparaissez à travers la terrasse qui vient de céder sous votre poids. Vous n'avez même pas le temps de pousser un cri, qu'un moellon vous tombe sur le crâne, vous assommant pour le compte. Vous perdez 4 points d'ENDURANCE. Si vous êtes encore en vie, c'est très lentement que vous reprenez connaissance. Pour entendre un craquement des plus sinistres : un des piliers massifs soutenant le plafond de la pièce dans laquelle vous venez d'atterrir vacille d'inquiétante façon. Il faut réagir, et sans perdre la moindre seconde. Allez-vous :

Essayer de rouler sur le côté ?	Rendez-vous au **164**
Lancer le sortilège de la Bourrasque ?	Rendez-vous au **275**
Lancer le sortilège d'Invulnérabilité ?	Rendez-vous au **215**

182

Indifférents au sort que vous venez de faire subir à leurs compagnons, les deux derniers gardes se ruent sur vous. Leurs gestes saccadés et leurs traits figés les font ressembler plus à de dangereux automates qu'à des êtres humains.

Lancez deux dés. Si vous obtenez :

2 ou 3 : vous recevez deux blessures et vous perdez 6 points d'ENDURANCE ;
4 ou 5 : vous recevez une blessure et vous perdez 3 points d'ENDURANCE ;
de 6 à 12 : l'un des gardes (à vous de choisir lequel) perd 2 points d'ENDURANCE.

Si vous parvenez à vous défaire d'un troisième garde, rendez-vous au **126**.

183

Suivant la plage vers le sud, vous réfléchissez à un moyen qui pourrait vous faire traverser le bras de mer jusqu'au Palais du Consul lorsque vous apercevez une jetée à demi submergée. Un petit canot y est attaché et danse mollement sur les vagues ! Vous examinez l'embarcation qui vous paraît en bon état, mais où sont les rames ? Introuvables. Toutefois, comme c'est la seule possibilité qui vous soit donnée de traverser la baie, vous montez dans le canot sans hésitation et vous larguez les amarres. Rendez-vous au **109**.

184

Grâce à l'extrême rapidité de vos réflexes, vous évitez de justesse la terrible décharge qui frappe le sol dans une gerbe d'étincelles. Avec un hurlement de rage, vous vous préparez à défendre chèrement votre vie. Rendez-vous au **39**.

185

La sirène pousse un petit cri effarouché et plonge dans les ondes pour échapper à l'essaim des redoutables insectes qui bourdonnent avec fureur et ne peuvent que survoler les vagues. Le sortilège cessant, les Frelons disparaissent. Rendez-vous au **131**.

186

Une dague siffle dans l'air, transperçant de part en part le malheureux volatile qui pousse un cri étranglé avant de tomber raide mort sur le sol. Un sentiment de tristesse vous gagne : mais que pouviez-vous faire d'autre pour reprendre possession de l'Anneau de Lumière... Rendez-vous au **306**.

187

Saisi d'une indicible épouvante, les poings crispés sur les tempes, vous tentez désespérément de vous contrôler. Mais la folie s'empare peu à peu de vous. Vous traversez le hall d'un pas chancelant. Qui vient de pousser ce hurlement démoniaque ? Inutile de chercher : vous. Mais vous n'en avez même pas conscience. Vous titubez comme un homme ivre et, lorsque vous saisissez un squelette qui était appuyé contre le mur, c'est pour l'entraîner dans une grotesque danse macabre ! Vous faites dorénavant partie de la pauvre compagnie des âmes damnées qui hantent ce hall de l'épouvante.

188

En un éclair, vous êtes prêt au combat, l'épée à la main. Mais allez-vous attaquer le vieil homme (rendez-vous au **213**) ou l'araignée perchée sur son épaule (rendez-vous au **199**) ?

189

La base du toboggan domine le sol de près de deux mètres. Et c'est alors que vous êtes projeté dans le vide, que vous vous mettez en boule, la tête protégée par vos bras. Néanmoins, l'atterrissage est des plus rudes ! Lancez deux dés et retranchez le résultat obtenu de votre total d'ENDURANCE. Si vous êtes toujours en vie, vous vous relevez en geignant avant de vous rendre au **38**.

190

La bourrasque suscitée par le sortilège frappe le monstre en plein dos et le précipite vers le sol où il s'écrase. En sifflant de fureur, il tente de se redresser mais, avant qu'il n'ait eu le temps d'esquisser le moindre geste, vous avez dégainé votre épée, et déjà, vous êtes sur lui. Rendez-vous au **49**.

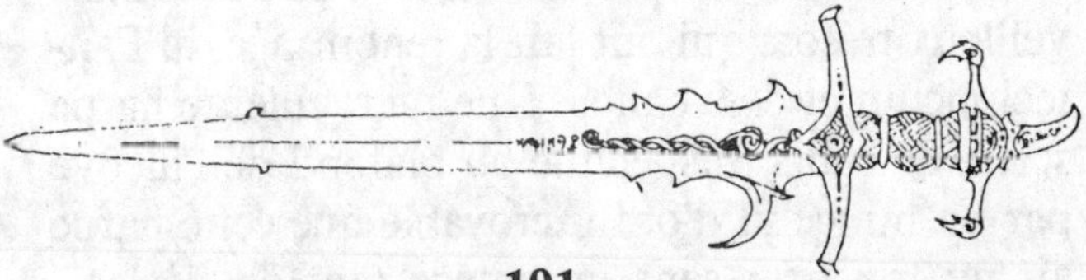

191

Brusquement, entre vous et le monstre grimaçant s'élève un tourbillon de flammes d'où surgit un Tigre de Feu dont les griffes incandescentes se plantent dans les écailles du Gavial. En poussant d'atroces hurlements, la créature s'effondre sur le sol. Pendant quelques instants encore, elle se débat, alors qu'une abominable odeur de chair brûlée vous suffoque. Puis le saurien s'immobilise à tout jamais. Avant de disparaître, le Tigre vous lance un regard fulgurant. Rendez-vous au **76**.

A pas lents, guettant le moindre bruit, vous traversez le grand hall du Pantechnicum. Les nombreuses niches creusées dans les murs abritaient autrefois des antiquités inestimables. Elles ne renferment plus rien aujourd'hui, vidées de leur contenu par les pillages qui ont suivi la chute de Thalios. Par les grandes baies, que plus aucun volet ne protège, pénètre une bise glacée qui vous fait frissonner. Après avoir dépassé l'ouverture de ce qui vous semble être un toboggan (qui servait sans doute à expédier des ballots dans les réserves de cette espèce de musée, situées dans les sous-sol), vous atteignez l'extrémité du hall. Là, à la lueur dispensée par l'Anneau de Lumière, vous découvrez une alcôve. Et votre cœur se met à battre la chamade en constatant qu'elle renferme encore l'un de ces merveilleux trésors qui ont fait la renommée du Pantechnicum et de Thalios. Une merveilleuse harpe sertie de rubis, suspendue au plafond de l'alcôve par un mince fil d'or ! Incroyable que cette harpe ait pu traverser sans dommage tant de siècles... d'autant plus que sa seule protection semble être une mince vitre, ne descendant même pas jusqu'au sol. Il suffirait de briser la vitre... ou de couper le fil et de faire glisser la harpe sous la vitre... d'autant plus que, pour le moment, les Kappas semblent avoir déserté les environs ! Ce qui ne signifie aucunement qu'ils ne reviendront pas. Aussi, si vous voulez vous emparer de cette harpe, il ne faut pas tarder à prendre une décision. Allez-vous faire appel à l'un de vos sortilèges (rendez-vous au **293**) ou préférez-vous tout simplement briser la glace (rendez-vous au **265**) ? Mais vous pouvez également vous désintéresser de cet instrument de musique (rendez-vous au **141**).

193

Sans hésiter, vous rejoignez les trois hommes qui trépignent de joie à l'intérieur du pentacle.

— Je vous préviens, dit l'un d'eux, notre jeu est assez brutal ; c'est... le Craq'mach' !

Il n'a pas fini sa phrase qu'un violent coup de poing, asséné sur votre nuque, vous envoie rouler au sol. Au moment de perdre connaissance, les dernières choses que vous voyez dans une brume rougeâtre, sont trois faces grimaçantes penchées sur vous. Des doigts glacés se referment sur votre cou. Ici se termine votre aventure.

194

Grâce au sortilège de Télépathie, vous percevez des pensées de l'autre côté de la porte. Vous détectez la présence de trois personnes. Sur un nouveau signe de la main, vous ouvrez la porte. Rendez-vous au **228**.

195

La première note que vous tirez de la harpe fait frémir le bloc cristallin. Vous vous apprêtez à pincer de nouveau une corde de l'instrument lorsque vous constatez que la masse vitreuse vibre de plus en plus, à un point tel qu'elle émet à son tour un son aigu qui vous oblige à vous presser les oreilles de vos poings. Un réflexe fulgurant vous fait vous jeter au sol au moment même où le bloc explose en mille fragments acérés qui sifflent au-dessus de votre tête comme une volée de flèches. Par chance aucun ne vous atteint. La tête résonnant encore, vous vous relevez en titubant. Rendez-vous au **276**.

196

Les trois gardes redoublent d'assauts furieux, sans même remarquer la mort de leur compagnon.

Lancez deux dés. Si vous obtenez :

2 ou 3	:	vous recevez trois blessures et vous perdez 9 points d'ENDURANCE ;
4 ou 5	:	vous recevez deux blessures et vous perdez 6 points d'ENDURANCE ;
6	:	vous recevez une blessure et vous perdez 3 points d'ENDURANCE ;
de 7 à 12	:	un des gardes (à vous de choisir lequel) perd 3 points d'ENDURANCE.

Si vous parvenez à vaincre un deuxième garde, rendez-vous au **182**.

197

Une violente rafale de vent fait perdre l'équilibre à l'homme-insecte qui trébuche et s'écroule sur le sol. Il gémit à fendre l'âme et se tortille pour tenter de ramasser son arme ; mais sans hésiter une seconde, vous vous précipitez sur lui et vous lui tranchez la tête d'un coup d'épée. Rendez-vous au **122**.

198

Girius lève la bouteille à la hauteur de ses yeux.
— Très, très intéressant, marmonne-t-il. D'après les caractères gravés dans le verre, je dirais que cet objet provient de la Citadelle des Énigmes. Est-ce exact ? Nous pourrions y mettre ce tissu en guise de voile...
Vous n'aviez pas remarqué l'absence de voile sur ce modèle réduit de bateau.
— La voile me paraît bien trop grande pour ce petit bateau, faites-vous remarquer.
— Pas du tout, mon ami, rétorque Girius. Car ce bateau est magique, voyez-vous. Il suffit de briser la bouteille pour qu'il prenne une taille normale. Quant à ce tissu, c'est une Voile Solaire qui... mais inutile de perdre du temps. Je vais vous montrer. Suivez-moi !
Précédant les deux gardes, vous lui emboîtez le pas et, bientôt, vous débouchez sur le toit en terrasse de la tour. L'aube ne va pas tarder. Déjà, le ciel s'éclaircit à l'est. D'un geste sec, Girius brise la bouteille sur le bord du parapet. Il avait dit vrai ! Sous vos yeux, ronds comme des soucoupes, le bateau maintenant libéré de sa prison de verre grandit à une vitesse inimaginable pour atteindre, enfin, la taille d'un petit voilier. Sans doute le vieux savant ne possède-t-il pas les pouvoirs d'un sorcier, mais grande est sa sagesse, infinies sont ses connaissances. Sur un signe de Maître Girius, vous montez en sa compagnie dans l'embarcation, pendant que les gardes s'occupent à hisser la voile qui, par un phénomène que vous ne pouvez compren-

dre, ne frémit même pas au vent qui vous balaye le visage. Soudain le jour se lève dans un flamboiement d'or, et les premiers rayons du soleil viennent frapper la voile qui, aussitôt, se gonfle. Et ce que vous attendiez sans vraiment y croire se produit : le voilier se soulève, comme porté par une vague, et s'élance majestueusement dans les airs. Rendez-vous au **180**.

199

Dans un sifflement, la lame de votre arme s'abat sur la répugnante créature qu'elle fend en deux ! Mais vous êtes si habile à manier l'épée que le vieil homme n'a pas reçu la moindre égratignure. Dans un bruit mou, l'araignée tombe aux pieds de son maître qui vous regarde d'un air stupéfait, et les débris de son corps se tortillent encore pendant quelques secondes d'une façon répugnante, avant de se dissoudre en un liquide verdâtre à l'odeur abominable. Le vieillard s'est maintenant tassé sur lui-même et, les yeux baissés vers le sol, il vous dit en poussant un misérable soupir :

— Ah quoi bon... il y en aura une autre. C'est toujours ainsi...

Avant que vous n'ayez pu lui demander la signification de ces paroles pour le moins fatalistes, il hausse les épaules et, se tournant vers un coin de la grotte, il se dirige vers un vieux coffre de bronze posé à même le sol. L'ayant ouvert, il farfouille dedans quelques instants avant de revenir vers vous.

— Tenez, dit-il en vous tendant une bouteille renfermant un petit bateau, prenez ceci. De tous les objets magiques que je possède, c'est le plus précieux. Prenez également cette fiole : elle contient une potion d'Apesanteur qui vous sera certainement utile à Thalios.

Sans dire un mot, vous vous saisissez des deux objets que vous rangez dans votre sac. Le vieil homme vous regarde quelques instants, puis il ajoute :

— Je vais également vous donner mon Bracelet de Feu.

En prononçant ses mots, il a retiré de son poignet un bracelet de cuivre que vous n'aviez pas remarqué jusqu'alors et vous l'a mis dans la main. Vous le passez rapidement à votre poignet, pressé de quitter ces lieux inhospitaliers. Après avoir adressé un vague signe de tête au vieillard, vous vous dirigez rapidement vers la porte qui, dès que vous l'avez franchie, reprend sa place dans le mur. Il ne vous reste plus qu'à poursuivre votre marche dans le couloir. Rendez-vous au **288**.

200

A votre grande surprise, le sortilège ne détecte aucune activité mentale à proximité. Mais alors, qui se trouve derrière vous ? Rendez-vous au **218**.

201

Une noble action, certes, mais au résultat des plus incertains. Enfin, puisque vous en avez décidé ainsi, allez-vous tenter de briser le bloc cristallin d'un coup d'épée (rendez-vous au **149**) ; essayer de le faire fondre en invoquant le Tigre de Feu (rendez-vous au **104**) ou utiliser un des objets en votre possession (rendez-vous au **233**) ?

202

A peine avez-vous terminé de lancer le sortilège que, à l'intérieur de l'alcôve, et, à environ un mètre de la paroi de verre, une Dague se matérialise. D'un coup sec, elle tranche le fil d'or, précipitant la harpe sur le sol. Il vous suffit de tendre le bras pour vous en saisir. Facile ! Maintenant, rendez-vous au **141**.

203

Une sourde inquiétude vous gagne tandis que vous traversez l'Arène, et vous vous arrêtez net en son milieu. Un coup d'œil circulaire vous suffit pour constater que le piédestal proche de la loge royale est maintenant vide : la statue ailée qui s'y dressait a disparu ! La gorge serrée, vous reprenez votre course vers l'autre tunnel. Mais une ombre tombant du ciel comme un pierre vous oblige à vous jeter à terre. Il était temps car une forme ailée passe dans un bruissement d'air juste au-dessus de votre tête ! Un cri rauque résonne à vos oreilles et, alors que la lune apparaît entre deux nuages, vous étouffez un cri angoissé en voyant un ignoble Reptile Volant qui s'apprête, à l'évidence, à fondre de nouveau sur vous. Pour l'instant, il est immobile à une vingtaine de mètre au-dessus de vous, agitant dans un bruit mou ses immenses ailes. Instinctivement, vous portez la main à votre épée. Mais à quoi bon ! On ne lutte pas avec une arme aussi dérisoire contre une créature de cette envergure. Ses petits yeux rouges vous fixent avec une terrible acuité. Dans quelques secondes, le monstre va piquer. Allez-vous tenter de vous enfuir (rendez-vous au **94**) ou préférez-vous lancer un sortilège (rendez-vous au **283**) ?

204

Vous faites courir vos doigts sur les cordes de la harpe et vous obtenez des sons plaintifs qui résonnent longuement dans le silence se mêlant pour former une mélodie magique. Les vagues viennent mourir à vos pieds, sur les galets, dans un remous d'écume. Les rayons de la lune en tirent des reflets phosphorescents. Maintenant, c'est le silence : seules soupirent à vos oreilles les vagues et la brise... Soudain, sans que rien n'ait pu le laisser prévoir, une forme immense et luisantc émerge de l'eau dans un tourbillon de vaguelettes étincelantes. En poussant un cri d'épouvante, vous tombez à genoux. Et il y a de quoi être épouvanté, car la créature qui vous fait face possède une apparence propre à terroriser l'aventurier le plus aguerri. Une sorte de centaure au torse noueux planté sur un corps de cheval, monstre qui serait somme toute banal s'il n'était totalement écorché. Pas un atome de peau ne recouvre ses muscles à nu, ses chairs sanguinolentes, ses os blanchâtres et ses veines semblables à de gros lombrics gonflés d'un sang noirâtre. Dressé sur ses pattes arrière, il pousse des

hénissements de défi, alors que les sabots de ses antérieurs s'abattent rageusement sur les galets. La brise vous apporte une odeur si fétide que vous manquez défaillir de répulsion : quelle puanteur !
— Qui ose invoquer Sacartch le Funeste ? hennit le monstre.
De la fumée sort de ses narines, et vous sentez sur votre visage son souffle tiède et fétide.
— Qui ose invoquer le Seigneur de l'Océan ?
Ses énormes sabots de cheval pourraient vous briser le crâne comme on écrase une noix. Sans nul doute, vous êtes perdu si vous ne prenez pas une décision rapide. Allez-vous :

Lancer un sortilège ?	Rendez-vous au **151**
Utiliser un objet en votre possession ?	Rendez-vous au **7**
Attaquer le monstre avec votre épée ?	Rendez-vous au **50**

205

Un long silence, troublé seulement par le crépitement de la pluie, a suivi votre récit. Enfin, c'est d'une voix basse aux accents tristes que le premier Sphinx qui vous avait adressé la parole déclare :
— Les Corailhoms, ces maudits Kappas, ne doivent pas s'emparer de l'Œil du Dragon. Nous allons vous aider. Dans la mesure de nos moyens.
— L'homme est le rêve de l'ombre, murmure un de ses compagnons. Et le mensonge n'est pas

moins dangereux que la vérité, poursuit-il d'une voix à l'intonation énigmatique.

— Le rêve peut franchir deux portes, dit un autre. La première est de corne, la seconde d'ivoire. Les rêves qui proviennent de la porte d'ivoire ne sont que d'éphémères illusions. Mais ceux qui apparaissent par la porte de corne deviennent réalité.

— C'est ainsi que vous me venez en aide ! criez-vous, furieux. En me racontant des sornettes. Comment voulez-vous qu'avec de semblables stupidités je vienne à bout des Kappas !...

Après avoir poussé un long soupir, le premier Sphinx reprend de sa voix lugubre :

— Fort bien, mortel. Puisqu'il semble que tu n'aies pas compris notre message, en voici un autre : reviens sur tes pas et n'hésite pas à pénétrer dans le Pantechnicum.

A l'évidence, vous n'apprendrez rien de plus de leur part. A votre avis, seul le dernier Sphinx a pu vous dire quelque chose de sensé. Aussi, allez-vous suivre son conseil et repartir vers le nord (rendez-vous au **147**) ou vous en tenir à votre décision de continuer votre chemin vers le sud (rendez-vous au **210**) ?

206

Cette fois-ci, vous parvenez à esquiver les mâchoires voraces du monstre, mais un coup d'aile vous fait trébucher et vous perdez 1 point d'ENDURANCE. Si vous êtes encore en vie, vous parvenez à vous engouffrer dans le tunnel distant de quelques mètres. Rendez-vous au **40**.

207

Tandis que vous faites appel à tout votre pouvoir de concentration, un tourbillon de feu se matérialise entre vous et les gardes qui, maintenant, avancent. En quelques secondes, il prend la forme d'un tigre à la taille impressionnante. Dans un crépitement d'étincelles, il se jette sur le plus proche de vos adversaires et, aussitôt, une horrible odeur de chair brûlée vous saisit à la gorge. Mais, à l'évidence, votre sortilège n'a produit aucun effet dissuasif sur les autres gardes qui continuent d'avancer avec une fureur suicidaire. Le tigre de feu poursuit son carnage et fauche les hommes de ses griffes incandescentes. Lorsque le tigre disparaît, un seul reste debout : le Sergent. Cependant, il a été cruellement blessé. Il chancelle et, tout en s'écroulant sur le sol, il vous adresse un signe comme s'il voulait vous dire quelque chose. Allez-vous vous pencher vers le moribond pour l'écouter (rendez-vous au **29**) ou le laisser et poursuivre votre route vers la ville (rendez-vous au **48**) ?

208

La porte s'ouvre sans bruit, et vous vous retrouvez devant un étroit couloir au plafond sculpté de faces grimaçantes. Sans hésiter vous vous y engagez et, au bout d'une dizaine de mètres, vous arrivez devant une porte au linteau massif, alors que le couloir fait un brusque coude vers la droite. Devant la porte est étendu un squelette. Si vous le désirez, vous pouvez invoquer l'esprit du pauvre être qui a trouvé la mort en ces lieux. Rendez-vous dans ce cas au **32**. Mais vous pouvez également essayer d'ouvrir la porte (rendez-vous au **132**) ou plus simplement poursuivre votre chemin dans le couloir (rendez-vous au **171**).

209

En grimaçant, vous pataugez dans l'eau noirâtre en direction du coffre, passant devant un étroit tunnel dont vous distinguez la gueule sombre au pied d'un mur. L'espace d'un instant, l'idée vous vient de vous y engager. Mais vous y renoncez rapidement, car alors il vous faudrait progresser à quatre pattes et sous l'eau. Trop risqué ! Et pour dire la vérité, ce coffre vous semble des plus intéressants. Vous tendez la main vers lui. Rendez-vous au **24**.

210

Au bout de l'Allée des Sphinx, un escalier majestueux, quoique passablement délabré, descend vers une place totalement envahie par la marée montante. La lune fait miroiter la surface de l'eau d'où émergent des moignons de colonnes brisées. Le niveau de l'eau ne paraît pas trop élevé, et vous décidez de traverser cette place. Mais à peine avez-vous fait quelques pas que vous apercevez, débouchant d'une ruelle, une patrouille de Kappas. Le cœur battant, vous remontez rapidement l'escalier. Mais un hululement strident vous avertit que vous avez été découvert. D'autres patrouilles vont arriver à la rescousse, vous n'avez pas une seconde à perdre. Sur votre gauche, vous distinguez l'imposante masse sombre des Arènes. Sans hésiter, vous vous précipitez vers le haut portique d'entrée. Rendez-vous au **12**.

211

Après avoir descendu les quelques marches du petit escalier, vous poussez la porte qui pivote dans un horrible grincement. Une forte odeur de moisi vous saisit aussitôt à la gorge. A la faible lueur diffusée par l'Anneau de Lumière, vous apercevez une salle voûtée, basse de plafond, dont les murs sont percés d'une infinité de niches — à moins que ce ne soit des crevasses... Le sol est recouvert par une eau huileuse et malodorante. Une moisissure blanche s'accroche aux murs. Dans un recoin, vous apercevez un grand coffre de bronze au couvercle incrusté de pierreries étincelantes. Si vous voulez vous risquer dans cette eau pour atteindre le coffre, rendez-vous au **209**. Si vous préférez revenir dans le hall, rendez-vous au **107**.

212

De toute l'énergie dont vous êtes capable, vous essayez de résister à la puissance hypnotique, mais déjà votre volonté faiblit, et bientôt vous n'avez plus la force nécessaire pour vous concentrer sur cette lutte inégale. Les ordres que le chef Kappa vous impose maintenant par télépathie envahissent votre cerveau. Comme dans un rêve, vous saisissez le coffret et vous le lui tendez. Il s'en empare en poussant un cri de triomphe, et ses doigts se referment sur le légendaire talisman : l'Œil du Dragon. La rage et la fureur que vous éprouvez alors sont aussitôt étouffées par une volonté plus forte que la vôtre. Vous voilà devenu l'esclave des Kappas, et cela pour le reste de votre existence. Vous avez échoué dans votre mission.

213

A peine avez-vous esquissé un geste pour frapper l'araignée que des éclairs fusent de ses yeux globuleux formant un bouclier d'énergie devant le vieil homme. Votre épée rebondit sur cet obstacle diabolique dans une gerbe d'étincelles. Il ne vous reste plus qu'à vous précipiter vers la porte, mais le répugnant insecte n'en a pas fini avec vous ! Rendez-vous au **67**.

214

Deux sortilèges pourraient, peut-être, vous sauver. Lequel préférez-vous lancer :

La Bourrasque ?	Rendez-vous au **244**
L'Invulnérabilité ?	Rendez-vous au **280**

Si vous avez déjà utilisé l'un et l'autre, il ne vous reste pas d'autre recours que le courage ou la prière. Rendez-vous au **189**.

215

Vous avez lancé le sortilège à temps : des gravats et de formidables blocs de pierre rebondissent au-dessus de vous, sans vous causer le moindre mal.

Vous ne pouvez vous empêcher de retenir un rire hystérique, alors que des larmes de soulagement vous inondent les joues. Mais votre joie est de courte durée, et votre rire se transforme vite en sanglots étranglés. L'effet du sortilège se dissipe déjà et, bientôt, vous suffoquez sous la masse minérale qui, inexorablement, s'entasse sur vous. Votre aventure se termine ici.

216

Vous pénétrez dans un hall obscur, où un rayon de lune, passant par une fissure d'un mur, vous permet de distinguer une silhouette tassée dans un coin. Vous en approchant prudemment, vous constatez qu'il s'agit d'un vieillard aux cheveux blancs qui se met à gémir lorsque vous vous penchez sur lui. De sa bouche sort maintenant un flot de paroles incohérentes, comme s'il tentait de vous dire quelque chose. En fait, cet homme n'est pas plus âgé que vous, et vous ne pouvez réprimer un frisson en imaginant la terreur qu'il a dû éprouver, et qui l'a fait ainsi vieillir prématurément. Enfin, vous parvenez à le calmer quelque peu, et c'est d'une voix précipitée qu'il vous déclare :

— Écoutez-moi, écoutez-moi. Je suis un aventurier comme vous. Nous avons pénétré en ce lieu, mon ami Wolfram la Tempête et moi-même, pour nous protéger de la pluie. Et c'est quand nous avons voulu repartir que... oh, non ! Wolfram... le pauvre Wolfram...

Et il éclate en sanglots, tout en tendant une main tremblante vers vous. Vous n'en saurez pas plus

216 *L'homme éclate en sanglots, tout en tendant une main tremblante vers vous.*

pour le moment. Aussi, vous vous redressez pour examiner le hall. Au centre de la salle, un large escalier monte vers les étages supérieurs et, un peu plus loin, se trouve une porte à double battant, cerclée de cuivre. A l'opposé, vous distinguez une volée de marches menant à une porte. La porte de la cave, très certainement. Allez-vous :

Monter dans les étages ?	Rendez-vous au **99**
Ouvrir la porte à double battant ?	Rendez-vous au **256**
Explorer la cave ?	Rendez-vous au **211**

217

Le mendiant s'empare avidement des Pièces d'Or et les porte rapidement à sa bouche pour s'assurer de leur valeur en les mordant de ses rares dents. Il semble éberlué en constatant que vous lui avez donné deux vraies Pièces d'Or ! D'une voix geignarde, il vous dit se nommer Rastac le Mendiant. Il ajoute que cela fait de nombreuses années qu'il réussit à survivre dans les ruines de Thalios. Comment ? Il ne vous le révèle pas, pas plus qu'il n'explique à quoi peut bien lui servir de l'or dans un pareil endroit ! Mais vous n'avez guère la patience de l'interroger et vous l'écartez quand il cherche à vous retenir.

— Attention à Sacartch le Funeste ! vous crie-t-il alors que vous vous éloignez. Il est bien plus dangereux que les Corailhoms !

Voilà qui est pour le moins obscur mais qui, dans la bouche d'un familier des lieux, doit être une information d'importance. Aussi, vous arrêtant net, vous vous tournez vers l'homme que vous regardez d'un air interrogateur. Tout ce que vous en obtenez est une grimace ironique et le bruit des Pièces d'Or qu'il fait tinter dans la paume de sa main. A l'évidence, quelques pièces supplémentaires seraient nécessaires pour en savoir plus... Si vous décidez d'ouvrir un peu plus votre bourse, rendez-vous au **115**. Mais si vous préférez poursuivre votre chemin vers la Citadelle, rendez-vous au **41**.

218

Vous vous retournez brusquement tout en tendant l'Anneau de Lumière à bout de bras. Et votre surprise est grande en constatant que la ruelle est déserte. Et pourtant... non ! Tassée dans le recoin d'une porte, vous distinguez une silhouette loqueteuse, parfaitement immobile. Avec prudence, vous vous en approchez, et un frisson vous parcourt l'échine en constatant qu'il s'agit d'un cadavre.

— Paré à virer, matelot ! reprend la voix.

Cette fois, une sueur glacée mouille votre front. Mais... la voix ? Une autre voix, plutôt. Pris de panique, vous vous tournez en tous sens. Mais personne. Il n'y a toujours personne. Si ce n'est un mainate qui vient de se percher sur l'épaule du mort. Alors vous comprenez et vous éclatez d'un rire nerveux. C'est l'oiseau qui, en imitant la voix humaine, a été à l'origine de votre panique ! Néanmoins, vous reprenez vite votre sang-froid. Car il ne fait pas de doute que la mort de l'homme — un pirate si vous en jugez par le pilon en acajou qui lui tient lieu de jambe gauche — remonte à quelques heures seulement. Que diable venait-il faire à Thalios, et surtout qui a bien pu mettre fin à ses jours, et pourquoi ? L'examinant de plus près, vous constatez que sa main gauche est crispée sur le goulot d'une bouteille de vin. Et c'était certainement là son bien le plus précieux. Si vous décidez de vous en emparer, rendez-vous au **273**. Sinon, rendez-vous au **243**.

219

Au bout de peu de temps, vous parvenez au bas d'un escalier menant, sans aucun doute, au sommet de la Citadelle. Alors que vous vous apprêtez à en gravir les marches, vous vous immobilisez. Il vous faut absolument trouver Maître Girius, et il serait pour le moins surprenant que vous le rencontriez dans cette ruine. Mieux vaut quitter les lieux sans tarder. Mais allez-vous vous diriger vers la petite porte que vous apercevez sur votre gauche (rendez-vous au **51**) ou préférez-vous vous engager dans le couloir qui s'ouvre sur votre droite (rendez-vous au **93**) ?

220

Suivant les instructions du fantôme, vous trouvez les rames effectivement dissimulées dans un buisson, non loin de la jetée où le canot se trouve amarré. Puis, sautant à bord de l'embarcation, vous faites à force de rames pour traverser la baie. Mais, alors que vous étiez près d'atteindre la rive opposée, le canot butte contre un obstacle et, malgré tous vos efforts, vous restez sur place : vous venez de heurter un banc de sable. Sautant hors de votre embarcation, vous tentez de la pousser en eau libre. En vain, elle est si profondément enfoncée dans le sable qu'elle ne bouge pas d'un pouce. Rien d'autre à faire que de poursuivre à pied jusqu'au rivage proche car vous pouvez remercier votre chance, ce haut fond est relié à la terre ferme comme une presqu'île. Rendez-vous au **156**.

221

Vous vous ruez dans l'escalier menant à la salle située en contrebas dont vous descendez les marches quatre à quatre. Derrière vous, le Baron Criq hurle de rage. Des hurlements ? Plutôt des crissements, d'ignobles grinccmcnts. Enfin, vous allez atteindre la dernière marche lorsque, levant la tête, vous voyez la créature enjamber la balustrade et se laisser tomber dans le vide. Le spectacle qui s'offre alors à vos yeux est si terrifiant que vous vous arrêtez net, comme pétrifié. En effet, l'ample manteau du Baron s'est déployé autour de lui ainsi qu'un immense voile, ralentissant sa chute. En découvrant, non des jambes comme vous auriez pu l'imaginer, mais de gigantesques pattes de sauterelle. Avant même que vous n'ayez pu retrouver vos esprits, le Baron s'est posé devant vous. Si vous voulez vous tirer de ce mauvais pas, lancez vite un sortilège. Mais un seul. Alors, lequel allez-vous choisir (si toutefois vous le possédez) :

La Bourrasque ? Rendez-vous au **197**

Les Frelons de la Mort ? Rendez-vous au **232**

Le Tigre de Feu ? Rendez-vous au **266**

Si vous avez déjà utilisé tous ces sortilèges, il ne vous reste plus qu'à combattre. Rendez-vous au **231**.

222

Votre dernier coup d'épée a fait se rétracter le Grener qui tombe dans le puits dans un vol de feuilles mortes. Enfin il touche la surface de l'eau dans laquelle il disparaît, provoquant, l'espace de quelques secondes, de furieux bouillonnements. Vous ne pouvez vous empêcher de frissonner rétrospectivement en imaginant le sort qui vous était réservé. Et c'est presque en avançant centimètre par centimètre que vous atteignez l'autre bord du puits. En poussant un soupir de soulagement, vous pénétrez dans le hall d'entrée de l'hôtel. Rendez-vous au **152**.

223

Sans demander votre reste, vous vous précipitez vers la brèche du mur d'enceinte et vous la franchissez en poussant un soupir de soulagement, car elle est bien trop étroite pour laisser le passage à la statue. Un rapide coup d'œil autour de vous vous rassure totalement : les rues sont désertes ; il n'y a aucun Kappa en vue. Vous pouvez continuer votre route en direction du sud. C'est alors que vous entendez un bruit sourd, puis un autre. Des coups qui ébranlent le mur au risque de le faire s'écrouler. Tournant la tête, votre sang se glace en apercevant le guerrier de bronze frapper à coups redoublés le mur d'enceinte qui, déjà, se lézarde, avant de s'écrouler dans un nuage de poussière. Tel un automate, la statue s'avance vers vous. Dans l'incapacité de faire le moindre mouvement, tant est grande votre terreur, vous songez en un éclair que seul le sortilège du Tigre de Feu pourrait vous sortir de ce mauvais pas. Si vous n'avez pas encore fait appel à lui, rendez-vous au **140.** Sinon, rendez-vous au **117.**

224

Le sortilège du Tigre de Feu est très éphémère : la créature magique ne tarde pas à disparaître. Bien que brûlée et fort endommagée par les griffes incandescentes, l'Idole est toujours debout. Des fumerolles s'échappent des jointures de son armure de métal tordue par le feu. Mais elle avance sur vous, ses épées décrivant de redoutables moulinets.

IDOLE ENDURANCE : 3

Lancez deux dés. Si vous obtenez :

2 ou 3 : vous recevez quatre blessures qui vous font perdre 12 points d'ENDURANCE ;

4 ou 5	: vous recevez trois blessures et vous perdez 9 points d'ENDURANCE ;
6	: vous recevez 2 blessures et vous perdez 6 points d'ENDURANCE ;
7	: vous recevez une blessure et vous perdez 3 points d'ENDURANCE ;
de 8 à 12	: l'Idole perd 3 points d'ENDURANCE ;

Si vous êtes vainqueur, rendez-vous au **303.**

225

Le hall d'entrée est si vaste que la lumière émise par l'Anneau n'en atteint pas le plafond, pas plus que le sommet des colonnes massives qui le soutiennent. Sur les murs sont gravés d'étranges motifs incrustés d'argent. Devant vous s'ouvre un couloir dans lequel vous vous engagez et, bientôt, vous parvenez à la hauteur d'une porte située sur votre gauche. Son apparence massive vous intrigue. Si vous souhaitez l'examiner de plus près, rendez-vous au **96**. Si vous préférez reprendre votre marche, rendez-vous au **288.**

226

Soudain, il vous semble que votre corps est devenu léger comme une plume alors que les visages grimaçants des trois personnages se dissolvent dans une sorte de brume. Vous êtes entraîné dans un tourbillon de lumières bigarrées et vous réalisez qu'une magie, d'une nature inconnue de vous, a pris possession de votre cerveau. Les lumières deviennent de plus en plus violentes vous forçant à fermer les yeux. Et le mouvement s'amplifie à un point tel que vous perdez connaissance. Lorsque vous reprenez conscience, vous constatez avec stupéfaction que vous êtes étendu sur les pavés de la grande place de Thalios, non loin de la porte de la ville. Votre épée est accrochée à votre côté, l'Anneau de Lumière pend à votre cou et votre bourse est lourde des 10 Pièces d'Or qui s'y trouvaient au début de votre aventure. En un éclair, vous comprenez que vous venez d'être projeté quelques heures en arrière, au moment de votre arrivée à Thalios. Votre ENDURANCE, votre HABILETÉ et votre PSI sont revenus à leur Total de Départ et tous les sortilèges sont de nouveau à votre disposition. Instruit par l'expérience, vous les utiliserez désormais de façon plus efficace. Tels des fantômes surgis du passé, les quatre gardes qui vous avaient accueilli s'approchent, l'épée à la main. Vous bondissez sur vos pieds, furieux d'avoir à livrer ce combat stupide. Rendez-vous au **53**.

227

Les gardes fixent sur vous un regard vide, comme s'ils ne comprenaient rien à ce que vous leur racontez. En haussant les épaules, vous vous apprêtez à vous remettre en chemin mais, sans vous laisser le temps de faire un pas, ils se mettent en position de combat. Aussitôt vous tirez votre épée dont la lame, polie comme un miroir, jaillit du fourreau avec un feulement métallique. Allez-vous vous jeter sur les gardes (rendez-vous au **53**) ou préférez-vous tout d'abord leur lancer un sortilège (rendez-vous au **282**) ?

228

La porte s'ouvre sans difficulté. D'un geste qui ne manque pas d'élégance, la main vous fait alors signe d'entrer. Ce que vous faites, non sans avoir quelque peu hésité. La pièce dans laquelle vous pénétrez est éclairée par une lanterne fumeuse et gardée par deux hommes vêtus de l'uniforme des gardes du Conseil. A votre arrivée, ils ont porté la main à leurs épées. Mais, sur un signe d'un troisième personnage que vous n'aviez pas remarqué au premier abord, leur attitude agressive laisse place à une expression de soulagement. Agé d'une soixantaine d'années, cet homme est bâti comme un athlète. A l'évidence, il a dû être dans sa jeunesse un redoutable aventurier. Néanmoins, une infinie douceur émane de tout son être, et son visage révèle la sagesse de ceux qui n'agissent qu'après avoir mûrement réfléchi. L'austère robe du Conseil qu'il porte ne vous laisse aucun doute : vous faites face à Maître Girius. La main, quant à elle, vous désigne maintenant de son index tendu. Puis, voletant vers Maître Girius, elle rapetisse jusqu'à devenir minuscule et, sous vos yeux stupéfaits, elle se glisse dans le chaton de la bague qu'il porte à son annulaire gauche, et qui se referme dans un claquement sec !

— Bienvenue à vous ! dit Girius. Nous avions peur que les Kappas se soient emparés de vous.

Vous voyant regarder sa bague l'air ahuri, il ajoute en souriant :

— Ah, vous semblez étonné par le messager que je vous ai envoyé. C'est Handimus, un génie — ou du

228 *L'austère robe du Conseil que porte le personnage ne vous laisse aucun doute : vous faites face à Maître Girius*

moins ce qu'il en reste ! En effet, il a trouvé la mort dans un duel magique, voilà plus de six siècles. J'ai trouvé sa main dans une amphore, au cours de mes recherches archéologiques. Il s'est révélé un fidèle serviteur pour accomplir des tâches simples ; mais la moindre complication lui fait commettre les pires sottises. A mon avis, il devait être distrait ! Mais je vous fais des discours et vous avez l'air aussi éprouvé que si vous aviez traversé l'Enfer. Venez donc vous asseoir. Vous avez dû affronter bon nombre d'épreuves avant de parvenir ici.

Il vous tend un flacon de cognac dont vous buvez une généreuse rasade, puis il reprend :

— Avez-vous rencontré les quatre hommes que j'ai envoyés pour vous escorter ?

Il lit dans vos yeux la réponse à sa question et baisse tristement la tête. Les deux gardes eux aussi ont pris un air affligé, en comprenant qu'ils ne reverront plus leurs compagnons.

— Allons ! Il sera bien assez tôt, demain, pour s'affliger, leur dites-vous d'un ton sévère. Il nous faut tout d'abord réussir à quitter ces lieux avec l'Œil du Dragon.

Maître Girius vous apprend alors — à votre grande surprise — qu'il ne possède pas l'Œil.

— Je l'ai laissé dans son coffret, au sommet du Monument des Héros qui se trouve à l'ouest de ce palais. Il était trop dangereux de tenter de s'en emparer, même dans son coffret, avant votre arrivée.

A cette nouvelle, vous sautez sur vos pieds.

— Mais alors qu'attendons-nous ? Il faut absolument aller le chercher avant que les Kappas ne le découvrent !

Hochant la tête, Girius vous fait signe de vous rasseoir.

— Trop tard, mon ami, j'en ai peur, dit-il d'un air sombre. Voilà quelques heures, ils ont surgi de l'Océan. Surpris par leur attaque, nous avons dû fuir. Mais j'ai néanmoins eu le temps d'entourer la précieuse cassette d'un inviolable champ de force. Il protégera cet inestimable trésor toute la nuit et une partie de la journée de demain. Profitons-en pour nous reposer, pour prendre une heure ou deux de sommeil. Car, habitués à la lueur glauque des fonds sous-marins où ils vivent, les Kappas craignent la lumière du jour. Dès l'aube, ce sera à notre tour de les surprendre.

Maître Girius a certainement raison. Aussi, vous vous installez tous les quatre pour dormir, enveloppés dans vos manteaux. Mais le sommeil vous fuit car vous savez que vous allez vivre une journée décisive. Comment se présentera le combat ? Quelles armes allez-vous utiliser ? C'est tournant et retournant ces questions dans votre tête qu'enfin le sommeil vous surprend. Rendez-vous au **277**.

229

Vous bondissez sur l'un des Kappas qui pousse un hurlement de terreur en voyant les terribles moulinets que vous faites décrire à votre épée. Son compagnon, quant à lui, a gardé tout son sang-froid. Lentement, il dirige son cylindre métallique vers vous, et une décharge d'énergie claque. Lancez deux dés. Si le résultat obtenu est égal ou inférieur à votre total d'HABILETÉ, rendez-vous au **184**. S'il est supérieur, rendez-vous au **278**.

230

Sans cesser de courir, vous franchissez la porte, poursuivi par la meute gémissante lancée à vos trousses. Les ombres imprécises prennent progressivement forme humaine, et bientôt ce sont vingt féroces gladiateurs qui vous encerclent ! Les pointes acérées de leurs longs tridents luisent d'un éclat maléfique. Brusquement, l'un d'eux lance un lourd filet dont les rets vous emprisonnent. Dans un geste de désespoir, bien inutile car la lutte est inégale, vous tirez votre épée. Digne de votre rang de Preux Chevalier Magicien du Royaume d'En-Haut, vous vendez chèrement votre vie dans un ultime déploiement de bravoure. Vous avez échoué dans votre mission.

231

Cette fois-ci, pas d'autre issue que de croiser le fer avec sa rapière démesurée.

Lancez deux dés. Si vous obtenez :

2	:	son arme vous transperce le cœur, vous tuant net ;
de 3 à 7	:	vous recevez une blessure qui vous fait perdre 3 points d'ENDURANCE ;
de 8 à 12	:	vous frappez le Baron qui perd 3 points d'ENDURANCE.

Si vous êtes vainqueur, rendez-vous au **122**.

232

Dans un vrombissement d'élytres et un crépitement de carapaces, les Frelons restent sur place, alors que le Baron Criq se pose sur la marche, devant vous, tout en ricanant :
– Chélérat ! Vous chêtes pris à votre propre piège. Ne chavez-vous pas que je chuis le Maître des Insectes ?
Le cœur étreint par l'angoisse, vous voyez alors la nuée de Frelons bourdonnants se précipiter sur vous sur un simple geste du Baron Criq. Vous n'avez même pas le temps de fuir ni de recourir à un autre sortilège : des milliers de dards s'enfoncent dans votre chair, et vous tombez à genoux en vous tordant de douleur. D'un coup de pied dédaigneux, l'homme-insecte vous expédie sur les dalles de marbre. Une chute qui ne vous cause aucune douleur, car voilà quelques bonnes secondes que la vie vous a quitté...

233

Parmi tous les objets que vous avez pu découvrir depuis le début de votre aventure, deux pourraient peut-être vous être utiles dans votre situation présente : une Harpe incrustée de rubis (rendez-vous au **195**) ou un flacon plein de vinaigre (rendez-vous au **167**). Mais si vous ne possédez rien de cela, vous pouvez utiliser le sortilège du Tigre de

Feu (rendez-vous au **104**). Enfin, vous pouvez également tenter de briser le bloc à coups d'épée (rendez-vous au **149**).

234

D'un geste sec vous ouvrez la Tabatière, et il en sort un hurlement à vous percer le tympan. De saisissement, vous manquez la laisser choir. Vite, vous en refermez le couvercle. Aussitôt, le bruit cesse. Maintenant, vous pouvez manger la Grenade (rendez-vous au **13**) ou la Pomme d'Or (rendez-vous au **253**). Mais vous pouvez également quitter la cave (rendez-vous au **82**).

235

Fébrilement, l'un des joueurs feuillette le livret de règles. Car, vous explique-t-il, voilà des siècles qu'ils n'ont pas joué à l'Embrouille. Enfin, il pousse un cri de triomphe.

— Écoutez bien, dit-il.

Et il se lance dans des explications qui vous font vite comprendre pourquoi ce jeu porte un tel nom. Il n'est pas très simple. A moins que les trois lascars ne cherchent à vous embrouiller... Vous allez mettre en jeu des points de PSI ou d'HABILETÉ. Par exemple, admettons que vous mettiez en jeu 2 points de PSI et que vous gagniez, ces 2 points seraient transférés de votre total de PSI à votre total d'HABILETÉ (et vice versa). Si vous perdiez, vous perdriez les 2 points joués. Grâce à ce jeu, vos totaux d'HABILETÉ ou de PSI peuvent dépasser les Totaux de Départ. Néanmoins, vous ne pouvez pas miser un nombre de points qui pourrait amener l'un ou l'autre total au-dessus de 10, ou au-dessous de 3. Une fois que vous aurez décidé le nombre de points que vous voulez miser, choisissez un chiffre entre 2 et 12, inscrivez-le sur une feuille de papier et lancez deux dés. Si le résultat obtenu correspond au chiffre choisi, vous avez gagné. S'il ne diffère de ce chiffre que de 1, la partie est nulle. Dans tous les autres cas, vous avez perdu. Vous pouvez faire autant de parties que vous le désirez. Après quoi, rendez-vous au **42** si vous voulez participer à un autre jeu ; ou au **208** si vous préférez quitter ce lieu.

236

Le Gantelet possède réellement un pouvoir considérable : aussi longtemps que vous le porterez, vous pourrez ajouter 1 point au résultat obtenu en lançant les dés au cours d'un combat. De plus, si vous faites un double six, c'est la victoire assurée pour vous et la mort pour votre adversaire, quel qu'il soit. Voilà donc un atout de la plus haute importance. Ravi de cette trouvaille, vous retournez au rez-de-chaussée. Rendez-vous au **241**.

237

Vous faites appel à toute votre volonté pour repousser la force hypnotique qui cherche à vous asservir. Le Kappa est si surpris que vous soyez capable de résister à son pouvoir psychique, qu'il se déconcentre quelque peu. Et vous en profitez pour vous libérer totalement de son emprise. Rendez-vous au **154**.

238

Vous poussez la porte qui s'ouvre en grinçant. Il ne fait pas très clair ici, aussi vous avancez d'un pas et vous mettez le pied dans un piège à loup dont les dents d'acier se referment aussitôt dans un claquement sec sur votre cheville. Si vous le possédez encore, faites appel à votre sortilège d'Invulnérabilité, sinon vous perdez 1 point d'HABILETÉ et 2 points d'ENDURANCE. Si vous êtes encore vivant, vous parvenez non sans mal à écarter les mâchoires meurtrières et à dégager votre cheville blessée. Vous êtes d'autant plus furieux qu'il n'y a strictement rien d'intéressant dans la petite pièce où vous venez de pénétrer. En maugréant — et en boitant —, vous traversez le palier en direction de l'autre porte. Rendez-vous au **84**.

239

Rendu fou de rage par la mort de son compagnon, le Kappa se rue sur vous, ses pâles prunelles nacrées luisant d'un éclat rougeâtre et meurtrier.

Lancez deux dés. Si vous obtenez :
de 2 à 5 : vous êtes blessé et vous perdez 3 points d'ENDURANCE ;
de 6 à 12 : le Kappa perd 3 points d'ENDURANCE.

Si vous le désirez, vous pouvez fuir en direction du sud, vers l'Allée des Sphinx (rendez-vous au **304**). Mais si vous préférez poursuivre le combat et si vous êtes vainqueur, rendez-vous au **133**.

240

Rapidement, vous consultez la carte. L'étroit passage devant lequel vous vous trouvez mène droit au Pont Palatin. Sans hésiter vous vous y engagez, accueilli par des bourrasques de vent. La pluie a maintenant cessé, et seul l'écho de vos pas résonne entre les deux grands bâtiments qui vous dominent de toute leur masse. Vous atteignez enfin l'extrémité de cette lugubre ruelle, lorsqu'une silhouette élancée se dresse devant vous. C'est une femme ! vêtue, qui plus est, d'une façon pour le moins étrange. En effet, le vent fait claquer les plis de sa longue robe de soirée d'une couleur gris-bleu, alors que s'agite sur ses épaules une légère cape de tulle écarlate. Son expression et son maintien ne trahissent aucune menace, mais néanmoins vous avez la certitude que vous ne faites pas face à un être humain. Pris d'un frisson, vous portez la main à votre épée.

— Eh bien, mortel ! dit-elle d'un ton sarcastique. Où te précipites-tu comme cela ? Non, ne me dis pas que tu veux empêcher les Kappas de découvrir ce qu'ils cherchent depuis si longtemps ! Car comment parviendrais-tu à vaincre leurs innombrables légions ?

Et elle éclate d'un rire démoniaque qui fait trembler les vieilles pierres qui vous entourent. Cette fois, vous dégainez votre épée avant de répondre :

— Madame, la mission qui m'a été confiée ne doit souffrir aucun retard. Aussi, veuillez me laisser passer.

Sans doute avez-vous eu l'intention de lui adresser ces mots d'une voix ferme. Mais vous n'avez fait que chevroter, ce qui a rendu votre discours quelque peu ridicule.
– Des mots, de pauvres mots seulement ! reprend-elle. Tu vas maintenant apprendre ce qu'est le désespoir. Et je souhaite, pour toi, que tu apprennes à l'aimer.
Aussitôt une étrange mélopée commence à sourdre de ses lèvres. C'est alors que vous comprenez avec effroi qui se trouve devant vous : Ligéa, la déesse du Désespoir ! Au fur et à mesure que son chant s'élève, une intense tristesse gagne votre cœur ; et chacun des mots qu'elle prononce vous persuade un peu plus de l'inanité de votre mission. L'épée vous glisse des mains et tombe sur le sol dans un bruit métallique, et vous vous effondrez à son côté. Vite, il faut agir tant qu'il vous reste une étincelle de volonté ! Allez-vous :

Ouvrir une Tabatière de nacre ?	Rendez-vous au **254**
Lancer le sortilège du Bouclier de l'Esprit ?	Rendez-vous au **279**
Manger une Grenade ?	Rendez-vous au **13**

Si vous ne possédez rien de cela, vous êtes totalement envoûté par les funèbres psalmodies de Ligéa. Et personne, ni Dieu ni Diable, n'aura le pouvoir de briser la malédiction qui vient de mettre fin à votre aventure.

241

Expédiant au diable tout ce qui peut porter bec ou plumes dans l'univers, vous attendez que les Kappas aient disparu avant de vous faufiler, avec la plus grande prudence, hors du bâtiment. La place est maintenant déserte, si ce n'est la pluie glaciale qui a maintenant redoublé d'intensité et qui va vous tremper jusqu'aux os si vous ne trouvez pas au plus tôt un abri. Vous glissant le long des maisons en ruine, vous êtes rapidement de retour à l'endroit même où vous avez pénétré sur la place voilà si peu de temps. Avant que vous n'ayez pu décider quelle direction choisir, une masse informe surgit de l'obscurité et se jette sur vous dans un infâme bruit, ressemblant à un raclement d'os sur des pavés inégaux. Une douleur fulgurante vous vrille la cheville, ce qui vous fait perdre 2 points d'ENDURANCE. Si vous êtes toujours vivant, rendez-vous au **60.**

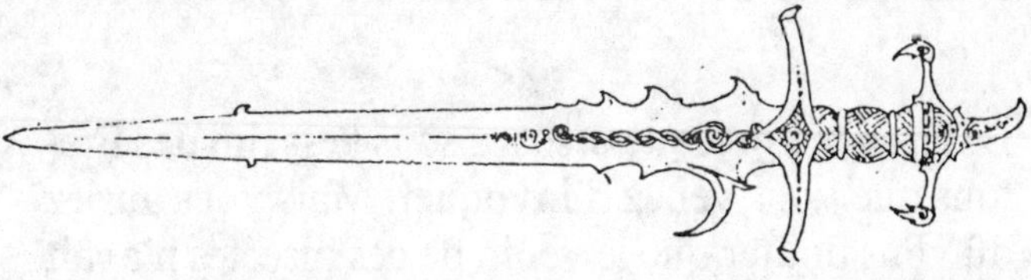

242

Les portes du Palais sont largement ouvertes. Après les avoir franchies, vous pénétrez dans un vaste hall et vous remarquez immédiatement que, sur votre gauche comme sur votre droite, s'ouvre un corridor qui s'enfonce dans l'obscurité. Allez-vous vous engager dans le corridor de droite qui semble se diriger vers la tour ouest (rendez-vous au **168**) ou dans celui de gauche qui pourrait vous mener à la tour sud (rendez-vous au **101**) ?

243

Avant de vous éloigner, vous pouvez vous saisir du pilon d'acajou du Pirate. Bien que cela soit une curieuse idée, on ne sait jamais ! Peut-être pourrait-il se révéler utile dans la suite de votre aventure ? Enfin, à vous d'en décider... Au moment où vous allez partir, le mainate vient se poser sur votre épaule. Allez-vous le chasser (rendez-vous au **144**) ou poursuivre votre chemin avec ce nouveau compagnon (rendez-vous au **257**) ?

244

Vous lancez le sortilège, et aussitôt une violente bourrasque vient à votre rencontre, ralentissant in extremis votre chute. Et c'est dans un mouvement souple que vous sautez sur le sol qui se trouve à deux mètres en contrebas. Rendez-vous au **38.**

245

Le Grener a presque disparu sous l'essaim des Frelons que vous venez d'invoquer. Mais vous auriez dû vous douter que le venin de ces insectes n'avait aucun effet sur lui. Un léger mouvement suffit à l'en débarrasser et, en poussant un nouveau hurlement, il vole vers vous. Vite, vous portez la main à votre épée. Rendez-vous au **43.**

246

Tournant la statuette en tous sens, vous finissez par remarquer, à la base de son cou, une légère protubérance. Imaginant un quelconque mécanisme secret capable d'ouvrir la porte, vous la pressez sans hésiter. Mais aussitôt la statuette saute de vos mains, tout en grandissant. Et bientôt vous faites face à un guerrier de près de un mètre de haut, qui se précipite sur vous avec un cri rauque. Une haine terrible fait briller d'un dangereux éclat ses yeux de perle. Malgré sa petite taille, c'est un adversaire redoutable, entraîné au combat, habile à jouer des pieds et des poings.

STATUETTE
D'ARGENT ENDURANCE : 12

Lancez deux dés. Si vous obtenez :
de 2 à 5 : vous êtes blessé et vous perdez 3 points d'ENDURANCE ;
de 6 à 12 : la Statuette d'Argent perd 3 points d'ENDURANCE.

Il vous est possible de prendre la Fuite en dévalant le couloir. Dans ce cas, rendez-vous au **288.** Mais si vous choisissez de combattre, et si vous êtes vainqueur, rendez-vous au **262.**

247

Le couloir se termine sur une petite pièce totalement vide, à l'exception de deux fioles d'albâtre posées sur une étagère. Vous les débouchez pour en examiner le contenu. La première vous laisse perplexe, mais vous reconnaissez le contenu de la seconde : une Potion d'Apesanteur. Comme vous ne voyez aucune autre issue dans cette pièce, vous revenez sur vos pas après avoir rangé les fioles dans votre sac. De retour devant la porte où se trouve toujours le squelette, vous pensez subitement que la Potion d'Apesanteur pourrait vous aider à franchir les ténèbres dissimulant le sol du hall. Si vous décidez de suivre cette idée, rendez-vous au **155.** Mais si vous jugez plus prudent de revenir à l'escalier, rendez-vous au **88.**

248

La fréquence choisie, vous vous concentrez sur elle. Rendez-vous au **86.**

249

Aussi rapide qu'une flèche, le Reptile pique droit sur vous, et ses longues dents vous labourent le dos. Une vilaine blessure qui vous fait perdre 2 points d'ENDURANCE. Si vous êtes encore vivant, rendez-vous au **66.**

250

Sans perdre un instant, vous vous saisissez de la Statuette que vous glissez dans votre sac. Puis, d'un pas rapide, vous revenez vers l'ouverture que vous franchissez. De retour sur le balcon, vous vous félicitez de votre rapidité, car le Baron vous contemple d'un air plus que mécontent. A l'évidence, votre choix lui a déplu. D'un geste brusque, il remet le bloc de pierre à sa place, manquant vous écraser les pieds puis, de sa voix toujours chuintante, il vous déclare :

— Disparaichez ! et vite !
Vous ne vous le faites pas dire deux fois. Un entrelacs de couloirs et d'escaliers vous ramène, enfin, au rez-de-chaussée. Rendez-vous au **241.**

251

Enfin, le pilon s'enfonce dans la gueule du Gavial qui tente en vain de refermer ses mâchoires, mais ne réussit qu'à se blesser encore plus profondément. En poussant d'effroyables hurlements, il s'éloigne en titubant, tout en s'efforçant, de la façon la plus maladroite qui soit, d'arracher le morceau de bois à l'aide de ses massives pattes griffues. Rendez-vous au **76.**

252

Cela ne fait aucun doute : on vous suit ! Une sensation vague, tout d'abord, suivie d'une sorte de malaise qui se transforme vite en certitude lorsque vous entendez des pas feutrés glisser dans le couloir. De plus, à chaque fois que vous vous arrêtez, le bruit cesse. Le plus discrètement possible, vous dégainez votre épée tout en reprenant votre marche, les doigts crispés sur la garde. Quoi qu'il arrive, vous êtes prêt ! Et cela arrive vite : les pas se sont rapprochés et se transforment tout à coup en un véritable galop ponctué d'affreux rugissements. D'un seul mouvement, vous faites volte-face, l'épée tendue, pensant naïvement que votre poursuivant ne manquera pas de s'empaler sur sa lame. Mais votre belle assurance vous quitte au moment même où l'arme vous est arrachée des mains. Et c'est le souffle court que vous faites face à la monstruosité que vos pas ensanglantés ont mis sur votre trace : un être reptilien mi-homme mi-gavial, courbé sur ses pattes antérieures, et dont les pattes supérieures se terminent par de redoutables griffes. Un hoquet de terreur vous échappe lorsque, portant vos yeux sur sa gueule, vous constatez qu'elle dégouline du sang de ses dernières victimes. A l'évidence, ce Gavial ne va faire qu'une bouchée de vous si vous ne réagissez pas sur-le-champ. Allez-vous l'affronter à mains nues (rendez-vous au **92**), lancer un sortilège (rendez-vous au **14**) ou utiliser un objet en votre possession (rendez-vous au **285**) ?

253

C'est une fois que vous avez mordu dans la Pomme que vous comprenez qu'il s'agit d'un fruit de Protée au pouvoir magique de transformation. Vous poussez un cri, car vous sentez une métamorphose extraordinaire s'opérer en vous. En quelques secondes, devenu un aigle majestueux, vous déployez vos ailes et vous tentez de prendre votre essor. C'est le plafond qui vous arrête. Mais l'action de ce fruit est éphémère et vous reprenez vite votre aspect normal. Quant au fruit de Protée, il a perdu son éclat doré : une seule bouchée lui a ôté tout pouvoir, et il ressemble désormais à une pomme ordinaire. Mieux vaut donc la manger en entier ! Si vous ne l'avez pas encore fait, vous pouvez maintenant manger la Grenade (rendez-vous au **13**) ou ouvrir la Tabatière (rendez-vous au **234**).

252 *Ce Gavial ne va faire qu'une bouchée de vous si vous ne réagissez pas sur le champ.*

Mais vous pouvez également quitter cette cave (rendez-vous au **82**).

254

A peine avez-vous soulevé le couvercle de la Tabatière que retentit un cri perçant. Un cri si assourdissant qu'il couvre le sinistre chant de Ligéa, brisant de ce fait le charme qui vous paralysait. D'un bond vous vous remettez debout, après avoir récupéré votre épée. Les traits de la déesse sont horriblement déformés par la fureur qui est la sienne, mais vous n'en avez que faire, et elle disparaît comme elle était venue. Ce n'est cependant qu'après vous être assuré qu'elle ne s'est pas cachée dans un recoin que vous refermez la Tabatière. Puis, satisfait, vous vous dirigez vers le Pont. Rendez-vous au **284**.

255

Du ton le plus assuré que vous le pouvez, vous leur débitez une histoire propre à satisfaire leur curiosité : vous êtes à la recherche de votre frère enlevé par les Kappas. Un long silence ponctue votre mensonge, avant que le premier Sphinx ne reprenne :

— Nous te souhaitons bonne chance dans ta mission, aventurier. Mais fais vite : Thalios n'est pas la meilleure scène où peuvent se jouer les banales tragédies humaines.

Peu rassuré par cet étrange avis, vous reprenez en toute hâte votre chemin en direction du sud. Rendez-vous au **210**.

256

Vous n'êtes plus qu'à quelques pas de la porte, lorsque vous trébuchez sur un objet que la pénombre vous avait dissimulé. Vous baissant, vous constatez qu'il s'agit d'une hache de guerre dont le large tranchant est passablement ébréché. Non loin de l'arme, vous apercevez une masse sombre. La main serrée sur la garde de votre épée, vous vous en approchez et vous ne pouvez vous empêcher de sursauter en découvrant le corps massif d'un homme revêtu d'une armure. Prudemment, vous tendez votre Anneau de Lumière pour en distinguer son visage et vous étouffez un cri de terreur : le cadavre n'a plus de tête ! Et les lugubres gémissements que continue à pousser l'aventurier aux cheveux blancs ne sont pas faits pour vous rassurer... Rendez-vous au **135**.

257

La ruelle finit par déboucher sur une vaste Esplanade dominée par les ruines d'un bâtiment imposant surmonté d'un dôme : le Pantechnicum, d'après votre carte. Les pavés de la place sont jonchés de tuiles brisées tombées des toitures environnantes. A une cinquantaine de mètres de vous patrouillent deux Kappas dont la carapace de corail luit sous la lune. Soudain ils se dirigent vers vous, et vous n'avez que le temps de vous rejeter dans l'ombre. Mais voilà que le misérable mainate lance d'une voix rauque :

— Du nerf, moussaillons !

Les yeux globuleux des Kappas leur sortent des

orbites, tandis qu'ils tentent de percer l'obscurité. Ils portent déjà la main à leurs armes. Rendez-vous au **5**.

258

Vous vous engagez dans une étroite ruelle bordée de maisons croulantes dont les façades penchées ne laissent apercevoir qu'un mince bandeau de ciel, noir comme de l'encre. D'ailleurs, il fait noir partout. Peut-être devriez-vous utiliser l'Anneau de Lumière ? Mais il risque de signaler votre présence aux Kappas, s'il y en a dans les environs. Vous en êtes réduit à progresser à tâtons. La ruelle est tortueuse, entrecoupée de venelles latérales. Mais vous vous dirigez obstinément vers l'ouest. Soudain, juste derrière votre dos, vous entendez le bruit caractéristique d'une épée tirée de son fourreau. Un frisson vous parcourt l'échine et vous vous immobilisez net en entendant une voix rauque vous déclarer :

— Jette ta bourse, l'ami, si tu veux sauver ta vie.

Allez-vous :

Obéir ?	Rendez-vous au **165**
Lancer un sortilège ?	Rendez-vous au **21**
Dégainer votre épée et faire face à votre agresseur ?	Rendez-vous au **218**

259

Vous montez jusqu'à l'alcôve. La coupe est taillée dans un coquillage géant à l'éclat nacré. A l'intérieur repose une pièce de tissu soyeux bien plié. Vous le déployez et vous découvrez avec surprise qu'il est de grande taille, et très résistant malgré sa légèreté. Il est si mince que vous pouvez le chiffonner dans votre poing. Heureux de cette trouvaille, vous rangez le tissu dans votre sac et, rapidement, vous retraversez le hall avant que ne prenne fin l'effet du sortilège. Maintenant allez-vous continuer à explorer cet hôtel particulier (rendez-vous au **171**) ou préférez-vous revenir sur vos pas (rendez-vous au **88**) ?

260

Votre épée rebondit sur la statue avec un tintement dérisoire, sans produire plus d'effet que si vous l'aviez frappée avec une brindille de bois. Mais le coup de poing que vous venez de recevoir en pleine poitrine provoque un résultat plus concret : vous roulez dans l'herbe en hurlant et vous perdez 4 points d'ENDURANCE. Si vous êtes encore en vie, vite, debout ! Car le Guerrier de bronze n'en a pas terminé avec vous. Rendez-vous au **223**.

261

Tchou soulève le coquillage en forme de cône et ouvre de grands yeux stupéfaits en découvrant une perle à l'éclat parfait. Comment pourrait-il se douter qu'il s'agit là d'une illusion créée par le sortilège du Mirage ? La grosse araignée s'agite et vous lance des regards méfiants qui vous suivent sans relâche.

— C'est extraordinaire ! suffoque Tchou. Je me demande comment vous avez... En tout cas, je suis homme de parole.
Il se dirige alors vers un vieux coffre de bronze dans lequel il farfouille quelques instants avant d'en ressortir une bouteille renfermant le modèle réduit d'un bateau.
— Tenez, dit-il. Puisque vous êtes un ami du Baron Criq et, qui plus est un grand initié dans l'art de la magie, je consens à vous offrir ceci.
Après l'avoir remercié d'un signe de tête, vous quittez la grotte et vous reprenez votre marche dans le couloir. Rendez-vous au **288**.

262

Dans une espèce de soupir métallique, la statuette rapetisse à vue d'œil pour reprendre sa taille initiale. Tout en reprenant votre souffle, vous vous promettez de dire deux mots au Baron Criq à propos de son « cadeau », si toutefois le hasard vous remet sur le chemin de cet invraisemblable homme-criquet ! Renonçant à ouvrir la porte, vous poursuivez votre chemin. Rendez-vous au **288**.

263

Vous ne pouvez compter que sur vous-même et sur l'entraînement à la magie que vous avez suivi pendant de nombreuses années pour résister à l'immense pouvoir du chef suprême des Kappas. Lancez deux dés. Si le résultat obtenu est supérieur à votre total de PSI, rendez-vous au **212**. S'il est égal ou inférieur, rendez-vous au **237**.

264

Frémissant et moiré, un rayon de lune perce un nuage et prend forme humaine : c'est le fantôme du Sergent. Il glisse vers vous, pâle spectre. Son regard triste trahit une immense souffrance. Il déchire ses vêtements, s'arrache les cheveux et vous implore :

— Par pitié, renvoyez-moi au Royaume des Ombres. Je ne peux supporter de revenir sur terre...

— Répondez à ma question et il en sera fait selon votre désir ! Dans quelle pièce du Palais se trouve Maître Girius ?

— Girius... répète le fantôme dans un soupir, comme s'il cherchait à retrouver de très vieux souvenirs. Girius... oui, c'était mon maître. C'est dans la tour ouest que nous nous cachions pour échapper aux Kappas. La porte... il y a une porte peinte d'une couleur particulière... non... je ne me souviens plus de cette couleur...

— Je veux des renseignements plus précis ! lancez-vous d'un ton impérieux.

Sans succès, d'ailleurs, car le fantôme disparaît maintenant devant vos yeux. Avec cette seule indication, vous vous dirigez vers la tour ouest dans laquelle vous pénétrez. Rendez-vous au **168**.

265

D'un violent coup du pommeau de votre épée, vous frappez la vitre. L'impact est tel que vous ressentez une intense douleur dans tout votre corps. Mais le verre est, quant à lui, intact. Il a résisté à votre agression, comme il a résisté à celle de tous les pillards qui ont tenté de s'emparer du trésor au cours des siècles passés. La harpe continue de se balancer devant vous, provocante, inaccessible. Furieux, vous poussez un juron et vous vous apprêtez à en recourir à vos sortilèges... mais les événements ne vous en laissent pas le temps. Rendez-vous au **141**.

266

C'est avec une grâce extrême que le Baron Criq se pose sur la dernière marche de l'escalier, vous coupant ainsi le chemin. Au moment précis où le Tigre de Feu, répondant à votre appel, se matérialise.

— Félon ! Chélérat ! s'étrangle l'Insectoïde. Vous ne vous en tirerez pas comme chela !

Et, les traits décomposés par la fureur, il s'élance vers vous. Mais le Tigre a déjà bondi sur lui et, de ses griffes autant acérées que brûlantes, il lui a profondément lacéré les flancs. Néanmoins, l'homme-insecte ne semble pas en souffrir outre mesure. A l'évidence, il est beaucoup plus fort que n'est puissant votre sortilège. Aussi, peut-être devriez-vous sans plus attendre vous élancer au-dessus de ces deux adversaires, si vous voulez gagner la salle, tout en ayant conscience que c'est là chose risquée (rendez-vous au **177**). Mais si vous préférez attendre la fin du combat, rendez-vous au **291**.

267

— Perdu ! hurle votre adversaire. Vous devez me donner quelque chose.

Ce que vous pouvez accepter ou refuser. Si vous désirez participer à un autre jeu, vous lui tendez l'un des objets que vous possédez — à l'exception de votre épée et de l'Anneau de Lumière — avant de retourner au **42**. Mais si vous jugez plus sage de quitter les lieux, vous lui tournez le dos sans plus de façon, et vous vous dirigez vers la porte. Rendez-vous au **208**.

268

Jugeant inutile de recourir à la magie pour combattre un seul adversaire, vous surgissez devant le Kappa en brandissant votre épée. Aussitôt il tire une Dague de sous sa tunique en peau de dauphin.

KAPPA ENDURANCE : 12

Lancez deux dés. Si vous obtenez :

de 2 à 5 : vous êtes blessé et vous perdez 3 points d'ENDURANCE ;

de 6 à 12 : vous portez un coup de votre épée au Kappa qui perd 3 points d'ENDURANCE.

Si vous êtes vainqueur, rendez-vous au **274**.

269

Un simple mouvement du poignet suffit pour qu'une langue de feu surgisse du Bracelet de cuivre et frappe la plaque aimantée qui ne tarde pas à rougir. Bientôt, l'épée tombe à vos pieds dans un tintement métallique. Mais vous avez épuisé l'énergie contenue dans le Bracelet de Feu et vous devez donc la rayer de votre Feuille d'Aventure. Quant à votre épée, elle est encore brûlante. Et ce n'est qu'après avoir attendu quelque peu que vous pouvez enfin vous en saisir avant de vous remettre en route. Rendez-vous au **308**.

270

Cette Idole est douée de mouvement grâce au pouvoir d'un antique et puissant dieu de la Guerre. Aussi, croyez-vous réellement pouvoir la vaincre dans un combat ordinaire.

IDOLE ENDURANCE : 15

Lancez deux dés. Si vous obtenez :

2 ou 3	:	vous recevez 4 blessures et vous perdez 12 points d'ENDURANCE ;
4 ou 5	:	vous recevez 3 blessures et vous perdez 9 points d'ENDURANCE ;
6	:	vous recevez 2 blessures et vous perdez 6 points d'ENDURANCE ;
7	:	vous recevez 1 blessure et vous perdez 3 points d'ENDURANCE ;
de 8 à 12	:	l'Idole perd 3 points d'ENDURANCE.

Il vous est possible de prendre la Fuite en vous

précipitant à travers les bambous vers l'Esplanade (rendez-vous au **274**). Mais, dans ce cas, si vous échouez en lançant les dés, l'Idole vous portera quatre coups d'épée, ce qui vous fera perdre 12 points d'ENDURANCE ! Si vous choisissez de poursuivre le combat et si vous parvenez à en sortir vainqueur, rendez-vous au **303**.

271

Dans le coffre, vous trouvez une Pomme d'Or, une Grenade et une petite Tabatière en nacre. Vous pouvez prendre n'importe lequel de ces objets. Si vous désirez les examiner sur place, allez-vous :

Ouvrir la Tabatière ?	Rendez-vous au **234**
Mordre dans la Pomme d'Or ?	Rendez-vous au **253**
Mordre dans la Grenade ?	Rendez-vous au **13**

Si vous préférez retourner sans attendre dans le hall, rendez-vous au **82**.

272

Vous n'avez pas le temps de penser à un stratagème compliqué, aussi vous bornez-vous à créer l'illusion d'un mur de brique qui s'élève aussitôt juste devant le Reptile qui, ne pouvant dévier à temps son vol, s'écrase contre l'obstacle créé par le sortilège. Avec un sifflement furieux, il tente de se redresser pour reprendre son envol. Mais déjà vous avez dégainé votre épée et vous vous ruez sur lui. Rendez-vous au **49**.

273

Vous débouchez la bouteille et en reniflez le contenu dont l'odeur vous tire une grimace : ce n'est pas du vin, mais du vinaigre ! Quelle drôle d'idée, pour un pirate, de transporter une bouteille de vinaigre ! Si vous voulez prendre le risque d'y goûter, rendez-vous au **294**. Sinon, rendez-vous au **243**.

274

La lune se lève au-dessus des murailles délabrées de la Cité, soulignant d'un trait pâle le contour des ruines de Thalios. Une bise aigre souffle sur l'Esplanade ouverte à tous les vents. Les yeux levés au ciel, vous apercevez la constellation connue dans votre pays sous le nom de Thurifer ou le Pieux Acolyte. Elle se trouve très haut dans le firmament : c'est un présage favorable. Vous n'êtes guère à l'aise sur cette vaste place déserte. Il vaudrait mieux ne pas vous y attarder, au cas où surviendrait un autre Kappa. Allez-vous partir en direction du sud, vers le Pont des Crânes Bleus (rendez-vous au **108**) ou vous enfoncer dans l'enchevêtrement des ruelles, à l'ouest (rendez-vous au **258**) ?

275

Au bord de la panique, vous lancez le sortilège. Et vous poussez presque un soupir de soulagement en entendant le sifflement d'une puissante rafale de vent. Hélas, même magique, cette Bourrasque ne suffit pas à contenir les tonnes de pierre dont est constitué le pilier. Vous avez néanmoins le temps de voir se détacher les blocs énormes qui vont vous écraser. Votre aventure se termine ici.

276

La silhouette revêtue d'un long manteau, que vous aviez entrevue, est toujours là, immobile. Puis, lentement, elle se dégage avec précaution des débris de sa prison de glace. Sous les plis épais de son ample vêtement pourpre, elle paraît gauche et dégingandée. Son visage est recouvert d'un masque noir : sur les joues se chevauchent deux plaques articulées, et les fentes ménagées pour les yeux sont munies de lentilles à facettes. C'est lorsque l'être prend la parole et que vous voyez se mouvoir cet étrange masque que vous comprenez avec terreur que vous faites face à un immonde insecte.

— Valeureux et checourable ami, articule la créature en chuintant d'une voix quasi humaine. Vous m'avez chauvé d'une fort déplaichante chituachion. Chela vous vaut la gratitude du Baron Criq. Permettez-moi de vous emmener dans ma challe du tréchor. Nous pourrons y dichcuter de la récompenche que vous avez méritée.

Il vous fait signe de le suivre vers l'escalier, en agitant une main griffue. L'autre main, vous le remarquez, est couverte d'un Gantelet d'argent étincelant. A la suite du Baron Criq vous descendez un escalier, vous traversez un dédale de couloirs lugubres, vous remontez d'autres marches. Enfin, vous arrivez sur une mezzanine surplombant un hall dallé de marbre. Le Baron Criq s'est arrêté, comme s'il était plongé dans ses pensées. Puis, tendant ses longs bras, il agrippe de ses griffes un lourd bloc de pierre scellé dans la muraille et le tire vers lui comme s'il s'agissait d'un vulgaire caillou, découvrant à vos yeux ébahis une étroite ouverture.

— Ma chambre checrète du tréchor, explique-t-il en désignant l'ouverture d'un signe de tête. Entrez, che vous en prie et choichichez che qui vous plaît...

Allez-vous accepter sa proposition (rendez-vous au **71**) ou préférez-vous refuser poliment (rendez-vous au **105**) ?

277

— Il est temps de partir, dit Maître Girius en vous réveillant.

Vous avez réussi à dormir quelques heures car une pâle lueur annonciatrice de l'aube pénètre dans la pièce.

— Nous avons une difficulté imprévue, poursuit Girius. Le promontoire où s'élève le Monument des Héros est encerclé par une cinquantaine de Kappas. Je viens de les voir du haut de la tour. Le seul moyen d'atteindre ce monument est de nous y rendre par la voie des airs.

Bien que vous soyez encore à moitié endormi, vous ne pouvez vous empêcher de secouer tristement la tête.

276 *C'est lorsque vous voyez se mouvoir cet étrange masque que vous comprenez que vous faites face à un immonde insecte.*

— Quels que soient mes pouvoirs, répondez-vous, aucun ne peut me permettre un exploit de ce genre.
— En êtes-vous bien sûr ? reprend Maître Girius. Il ne faut rien dédaigner. Et tout d'abord, votre sac me paraît bien volumineux.
Sans vous laisser le temps de l'en empêcher, il s'en saisit et en sort, l'un après l'autre toutes les trouvailles que vous avez faites depuis le début de votre aventure. Si parmi ces objets se trouvent une bouteille contenant la maquette d'un bateau *ainsi* qu'une pièce de tissu, rendez-vous au **198**. Mais si ces deux objets ne se trouvent pas *ensemble* dans votre sac, rendez-vous au **35**.

278

L'intense lueur bleue illumine, l'espace de quelques secondes, le vaste hall en ruine. Vous avez été dans l'incapacité de faire le moindre mouvement, et la décharge frappe de plein fouet votre jambe gauche. Une atroce douleur vous envahit et vous fait perdre 8 points d'ENDURANCE. Si vous êtes encore vivant, vous parvenez, avec la plus grande difficulté, à vous redresser. Et, l'épée toujours en main, vous rassemblez vos dernières forces pour affronter vos adversaires. Rendez-vous au **39**.

279

Certes, vous entendez encore le sinistre chant de Ligéa. Mais le Bouclier de l'Esprit vous protège maintenant de son charme maléfique. Aussi, après avoir récupéré votre épée, vous vous relevez. Les traits de la déesse sont horriblement déformés par la fureur, mais vous n'en avez que faire. Bientôt, elle disparaît comme elle était venue. Satisfait de l'intelligence de votre rédaction, vous vous dirigez vers le Pont. Rendez-vous au **284**.

280

Vous arrivez au bas du toboggan à une vitesse effrayante et vous heurtez violemment le sol, deux mètres plus bas, avant de vous écraser contre un mur. Mais vous avez lancé le sortilège suffisamment tôt pour ne pas ressentir la brutalité du choc et éviter toute blessure. Rendez-vous au **38**.

281

Quel fantôme allez-vous invoquer ? Le mendiant rencontré sur le Pont des Crânes Bleus ? Rendez-vous alors au **100**. Mais s'il n'est pas mort depuis votre rencontre, vous aurez gaspillé un sortilège. Cependant, si au cours de votre aventure, vous avez vu le corps d'un pirate unijambiste, il serait peut-être plus efficace d'appeler son fantôme. Dans ce cas, rendez-vous au **46**.

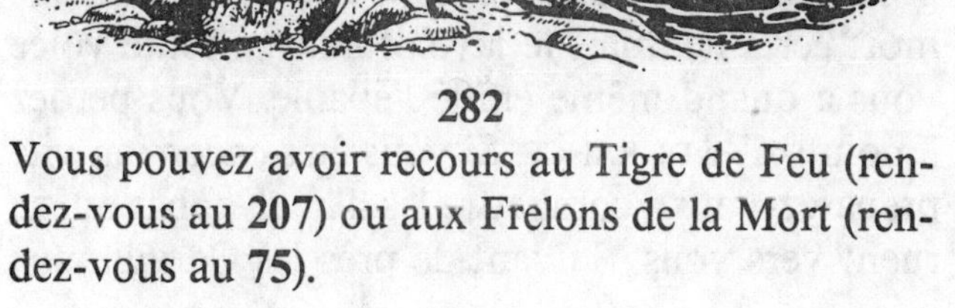

282

Vous pouvez avoir recours au Tigre de Feu (rendez-vous au **207**) ou aux Frelons de la Mort (rendez-vous au **75**).

283

Quel sortilège allez-vous lancer :

La Confusion ?	Rendez-vous au **173**
La Bourrasque ?	Rendez-vous au **190**
Le Mirage ?	Rendez-vous au **272**

Si vous avez déjà utilisé ces sortilèges, mieux vaut détaler sans attendre. Rendez-vous au **94**.

284

Le Pont Palatin qui enjambait autrefois le plus large canal de l'ancienne Thalios n'est plus aujourd'hui qu'un amas de marbre effondré. C'est, néanmoins, le seul moyen d'accéder au Palais du Consul, siège du gouvernement dans des temps révolus, dont vous devinez les bâtiments massifs cachés dans l'obscurité. Là, vous en avez la certitude, vous trouverez Girius. Non sans mal, vous atteignez la presqu'île après vous être frayé un chemin dans les gravats et entre les blocs de marbre. Soudain, vous sentez une présence devant vous, au moment même où, à la lueur de la lune revenue, vous distinguez comme un éclair filant droit vers vous. D'instinct, vous vous jetez sur le côté. La promptitude de votre réaction vous a épargné une mort certaine, mais le javelot lancé à toute volée vous a quand même éraflé l'épaule. Vous perdez 3 points d'ENDURANCE. Si vous êtes encore en vie, préparez-vous à combattre les deux Kappas qui se ruent vers vous. Suivant de près les Corailhoms, apparaissent maintenant trois Sentinelles Craboïdes, toutes guillerettes à l'idée de vous dévorer une fois que leurs maîtres en auront terminé avec vous. Allez-vous lancer un sortilège pour que le combat soit moins inégal (rendez-vous au **33**) ou pensez-vous que votre habileté à manier l'épée sera suffisante (rendez-vous au **309**) ?

285

Si vous possédez l'un des objets décrits ci-dessous, vous pouvez l'utiliser.

Un Bracelet de Feu	Rendez-vous au **113**
Un Pilon de bois appartenant à un pirate	Rendez-vous au **138**
Une Vertèbre dorsale de Grener	Rendez-vous au **172**

Si vous ne possédez rien de cela, ou si vous préférez ne rien utiliser, allez-vous lancer un sortilège (rendez-vous au **14**) ou combattre à mains nues (rendez-vous au **92**) ?

286

Un léger sourire aux lèvres, Tchou soulève le coquillage en forme de cône. Rien. Il n'y a pas de perle. Avant que vous n'ayez eu le temps d'examiner les autres coquillages, il les a balayés d'un revers de la main. Vous venez d'être berné, cela ne fait aucun doute ; mais comment le prouver maintenant ? Si votre rage est telle que vous décidez de bondir sur lui, vous dégainez votre épée et rendez-vous au **188**. Si vous acceptez de perdre avec le sourire, vous lui tendez l'objet que vous avez parié et vous quittez la grotte pour reprendre votre marche dans le couloir. Rendez-vous au **288.**

287

Votre terreur est à son comble en voyant maintenant danser autour de vous un ballet spectral de visages grimaçants. Et un douloureux regret vous prend de ne pas avoir suivi les conseils de l'esprit que vous avez invoqué, car rares sont ceux qui peuvent résister à la nécromancie. Lancez deux dés dans l'espoir que le résultat obtenu ne dépassera pas votre total de PSI. Si, malheureusement, il est supérieur, rendez-vous au **187**. S'il est égal ou inférieur, rendez-vous au **301**.

288

Le couloir fait bientôt un coude sur la droite pour déboucher dans une vaste galerie s'étendant devant vous. Les boiseries des murs, ainsi que les poutres du plafond, ont pris une belle patine au cours des ans, mais ce qui attire le plus votre attention est le bloc de cristal taillé que vous apercevez non loin de vous, et qui... non, ce n'est pas le fruit de votre imagination, *flotte* dans l'air à environ deux mètres au-dessus du sol ! Une pâle lueur ambrée s'en échappe. Prudemment, vous vous en approchez et, alors que vous n'en êtes plus séparé que de quelques pas, il se met soudain à tourner

288 *Ce qui attire le plus votre attention est le bloc de cristal taillé qui flotte dans l'air*

sur lui-même, tout en émettant un sourd bourdonnement. A l'évidence, ce cristal est bien trop gros pour que vous songiez à vous en emparer, quand bien même vous sauriez comment annihiler la source d'énergie lui permettant de se maintenir ainsi en l'air. Mieux vaut traverser la galerie sans vous y attarder ! Mais vous n'avez pas parcouru un mètre, que le bourdonnement s'intensifie, en même temps que la rotation du cristal s'accélère. Soudain, il vous semble que des ombres se déplacent sur les murs, des démons aux plaintes lugubres tout droit sortis du pire cauchemar. Une de ses ombres glisse à présent sur le sol et, tel un reptile, elle ondule vers vous. En proie à la panique, vous vous mettez à courir dans la galerie. Les murs s'agitent aussitôt de silhouettes ondulantes qui suivent votre course effrénée. Soudain elles se croisent, se rassemblent, s'écartent, en une danse démoniaque et se précipitent vers le double passage voûté dont vous n'êtes plus qu'à quelques pas. Elles tourbillonnent, resserrent leur étau, comme des algues ondoyantes, comme une toile d'araignée qui se tisserait autour de vous. Vous avez presque atteint l'extrémité de la galerie. Vous courez de toutes vos forces, le cœur battant mais l'esprit lucide, le regard fixé sur la double arcade. Les deux ouvertures semblent déboucher sur la même pièce. Toutefois, l'une est encadrée d'immenses andouillers, alors que l'autre est cernée de deux défenses de mammouth. Allez-vous franchir la première de ces ouvertures (rendez-vous au **230**) ou la seconde (rendez-vous au **176**) ?

289

Vite, vous sortez le flacon de votre sac et, de toutes vos forces, vous le lancez à la tête du Kappa. La fiole se brise contre son casque, aspergeant le visage de la créature. Tel un puissant acide, le vinaigre commence à dissoudre ses yeux de perle, et il se tortille sur le sol en poussant d'effroyables hurlements. Son pouvoir hypnotique cesse dans l'instant. Rendez-vous au **154**.

290

Les mâchoires du monstre se referment une fois de plus sur votre bras. Une douleur atroce vous transperce le corps et vous perdez 5 points d'ENDURANCE. En titubant, vous parvenez à gagner le tunnel dans lequel vous vous engouffrez. Rendez-vous au **40**.

291

Grande est votre stupéfaction de voir le Baron Criq sortir vainqueur du combat qui l'opposait au Tigre de Feu ! Mais l'homme-insecte n'en est pas indemne pour autant : son manteau est roussi par endroits, lorsqu'il n'a pas été réduit en cendres ! Souffrant de multiples brûlures, il revient vers vous, les traits déformés par la douleur. Impossible d'échapper au combat.

BARON CRIQ ENDURANCE : 3

Lancez 2 dés. Si vous obtenez :

2 : un coup bien assené vous tue immédiatement ;

de 3 à 7 : le Baron vous frappe, ce qui vous fait perdre 3 points ;
de 8 à 12 : un violent coup d'épée achève le Baron.

Si vous êtes vainqueur, rendez-vous au **122.**

292

Comme vous l'espériez, la violente bourrasque que vous venez d'invoquer surprend le monstre et le plaque contre la paroi de basalte. Sans lui laisser le temps de réagir, vous le transpercez de votre épée. Dans un hurlement qui vous fait vous serrer les mains contre vos oreilles, l'horrible créature explose. Rendez-vous au **119**.

293

Quel sortilège allez-vous lancer :

La Dague Flamboyante ? Rendez-vous au **202**

La Bourrasque ? Rendez-vous au **307**

Si vous ne possédez ni l'un ni l'autre, ou si vous préférez ne pas les utiliser, rendez-vous au **141**.

294

Vous avalez une toute petite gorgée de vinaigre : malheureusement, c'est déjà trop. Titubant, vous vous effondrez sur les pavés, l'écume aux lèvres. Vous ne pouviez pas savoir que le vin avait été empoisonné – ce qui a causé la mort du pirate et, incidemment la transformation du liquide en

vinaigre. Comme lui, vous allez succomber. Ni votre science de la sorcellerie ni votre bravoure au combat ne pourront vous sauver. Déjà les ombres de la mort sont sur vous...
— Fallait souquer dur, les gars ! chante le mainate.

295

Vous déposez 10 Pièces d'Or sur l'autel de pierre qui fait face à l'idole, mais il ne se passe rien. L'espace de quelques secondes, la tentation vous prend de récupérer votre or. Cependant vous changez vite d'idée, car il n'est pas sage d'irriter les dieux. On ne sait jamais quand on peut avoir besoin d'eux ! Si vous décidez de revenir sur l'Esplanade, rendez-vous au **274**. Si vous préférez allumer tout d'abord les torchères, rendez-vous au **106**.

296

Le mainate vous fixe toujours, mais son regard semble maintenant passablement égaré. Puis il ouvre son bec, laissant échapper l'Anneau. Et la plus franche hilarité vous gagne lorsque vous le voyez pencher sa tête d'un côté, puis de l'autre, les yeux ronds comme des soucoupes. Enfin, il se laisse tomber vers la place, avant de s'éloigner d'un vol incertain. Rendez-vous au **306**.

297

Tendant rapidement la main, vous éteignez la bougie la plus proche de vous. Aussitôt, l'un des personnages lève les bras au ciel en poussant un cri de détresse et se transforme dans l'instant en une mince volute de fumée grise alors qu'une odeur de soufre envahit la pièce. Ses deux compagnons se tordent les mains et implorent votre pitié ; mais vous savez que vous avez affaire à des êtres cruels qui ne méritent aucune miséricorde. Vous éteignez une autre bougie et un deuxième personnage disparaît. Insensible aux menaces hurlées par le dernier, vous faites le tour du pentacle et vous soufflez joyeusement sur la flamme de la troisième bougie. Un cri de détresse retentit, puis c'est le silence. Vous allez quitter ces lieux, lorsque vous remarquez une petite plaquette d'ivoire, posée au beau milieu du pentacle. Si vous voulez la prendre, rendez-vous au **56**. Si vous préférez la laisser là où elle se trouve et vous diriger vers la porte qui vous fait face, rendez-vous au **208**.

298

A peine avez-vous lancé le sortilège qu'un essaim de Frelons bourdonnants se matérialise dans l'air humide. Mais le Kraken a déjà plongé sous l'eau pour échapper aux douloureuses piqûres de leurs dards. Vous en profitez pour vous ruer vers la porte de la cave. Quelques secondes plus tard, vous êtes de retour dans le hall. Rendez-vous au **107**.

299

Écartant de la main la vigne vierge qui masque la porte, vous jetez un regard circulaire dans le jardin. Et vous sursautez en vous apercevant de la disparition de la statue que vous aviez remarquée en arrivant. Un hurlement s'élève alors derrière vous et, dans un réflexe fulgurant, vous vous jetez sur le sol, au moment même où un énorme poing de bronze allait vous briser la nuque. Vous roulez sur vous-même avant de vous immobiliser sur le dos pour voir, glacé d'horreur, le guerrier de bronze noir et sinistre qui vous domine de toute sa taille. Lentement, il lève un pied pesant. Si vous ne réagissez pas dans l'instant, il va vous écraser le visage. Mais, malgré tous vos efforts, il vous est impossible de bouger d'un pouce. La terreur qui s'est emparée de vous vous paralyse. C'est alors que vous entendez un bruit de pas précipités. Surgissant du hall que vous venez de quitter, un homme s'élance vers la statue, l'épée haut levée. L'être de métal s'est retourbé d'un bloc et lui fait maintenant face. Retrouvant toute votre lucidité dans la seconde, vous vous levez d'un bond au moment même où l'épée du nouveau venu s'abat en plein sur la tête de son adversaire. Votre surprise est grande en reconnaissant dans cet aventurier à la téméraire détermination le personnage aux cheveux blancs qui, voilà quelques instants, tremblait de peur. L'épée rebondit sur le visage de bronze, sans même y laisser la moindre égratignure. Mais qu'importe ! L'homme frappe à coups redoublés en rugissant :

— Prends ça ! démon malfaisant. Ça encore ! Et encore ça !

A chaque coup qu'il porte à la statue, son épée

s'ébrèche un peu plus. Et bientôt, seule la garde de l'arme lui reste entre les mains. Alors, le guerrier de bronze lève un immense poing et assène au pauvre homme un coup si violent qu'il s'effondre sans vie. A présent la créature se tourne vers vous, la main dégoulinante de sang. Au moins savez-vous qu'il est inutile de dégainer votre épée. Allez-vous tenter de fuir (rendez-vous au **233**) ou lancer le sortilège du Tigre de Feu — si toutefois vous ne l'avez pas encore utilisé (rendez-vous au **140**) ?

300

Une brèche dans le mur d'enceinte de l'hôtel vous permet de vous glisser dans un jardin d'agrément envahi par les mauvaises herbes. Elles ondulent sous la lune dont la pâle lumière les nimbe d'une inquiétante lueur bleuâtre. Saisi par une sourde inquiétude, vous vous approchez de la demeure. Près du porche en ruine, semblable à une implacable sentinelle, se dresse la statue de bronze d'un guerrier. Rongée par des siècles d'intempéries, elle arbore un visage inquiétant et grêlé aux orbites vides. Derrière elle s'ouvre la sombre entrée de l'hôtel, à demi cachée par les cascades d'une vigne vierge semblable à une immense toile d'araignée. Nul besoin d'être un maître en magie pour sentir le danger tapi en ces lieux ! Si vous persistez à vouloir visiter cet hôtel particulier, rendez-vous au **216**. Si vous préférez examiner tout d'abord la statue, rendez-vous au **61**. Mais si vous jugez plus prudent de quitter ces lieux et de reprendre votre chemin vers le sud, rendez-vous au **120**.

299 *Vous voyez, glacé d'horreur, le guerrier de bronze noir et sinistre qui vous domine de toute sa taille.*

301

En poussant un cri étranglé, vous vous effondrez sur le sol. Tremblant de tout votre être, vous sentez qu'on agrippe votre robe, mais vous n'osez pas lever la tête. Des mains invisibles fourragent dans votre sac et en retirent deux objets qui disparaissent dans les ténèbres. (Rayez deux objets de votre choix sur votre Feuille d'Aventure, à l'exception de votre épée, de l'Anneau de Lumière et de vos Pièces d'Or.) A demi paralysé par la terreur, vous restez longtemps étendu, sans faire un geste, avant de trouver enfin assez d'énergie pour réagir et prononcer la formule du sortilège du Bouclier de l'Esprit. Maintenant il vous semble que les vociférations démentes se calment peu à peu. Rendez-vous au **19**.

302

Mais quel sortilège lancer :

Le Mirage ? Rendez-vous au **124**

La Bourrasque ? Rendez-vous au **58**

Si vous ne possédez aucun de ces sortilèges, vous ne pouvez que livrer combat (rendez-vous au **229**) ou tenter de fuir en vous précipitant vers le toboggan (rendez-vous au **116**).

303

Sans un regard pour l'Idole qui n'est plus, à présent, qu'un amas de pierres et de morceaux de métal, vous vous engagez dans le passage qui débouche, après une dizaine de mètres, dans une pièce ronde ne présentant aucune issue visible. En son centre se dresse une grande table de pierre sur laquelle repose un large bouclier recouvert de sombres écailles. Si vous voulez vous en emparer, rendez-vous au **69**. Si vous préférez ne pas y toucher et regagner l'Esplanade, rendez-vous au **274**.

304

Aussi discret qu'une ombre, vous vous faufilez le long de la place jusqu'à l'Allée des Sphinx. Dans l'air froid de la nuit, vous sentez des effluves au goût salé apportés par le vent qui souffle de la mer. Accroupi au pied d'une statue brisée, vous observez attentivement les ruines silencieuses qui vous entourent. A votre droite se dresse un édifice particulièrement imposant : un hôtel particulier qui fut sans doute autrefois la demeure d'une noble et riche famille. Si vous voulez y pénétrer, rendez-vous au **300**. Si vous préférez poursuivre votre chemin en direction du sud, le long de l'Allée des Sphinx, rendez-vous au **120**.

305

Vous essuyez votre épée souillée de sang et vous allez reprendre votre route vers la ville, lorsque vous entendez un gémissement sourd. Le Sergent est encore en vie ! Il se dresse sur un coude et vous fait signe d'approcher. Si vous voulez vous approcher de lui pour écouter ce qu'à l'évidence il tente de vous dire, rendez-vous au **29**. Si vous préférez l'ignorer pour atteindre la ville au plus vite, rendez-vous au **48**.

306

Votre satisfaction est de courte durée : l'Anneau est en effet tombé sur le parapet où il repose dans un équilibre plus qu'incertain. Il suffirait d'un souffle de vent pour le faire basculer, ce qui le précipiterait sur les pavés de la place où, inévitablement, il s'écraserait. Prudemment, avec une extrême lenteur, et en retenant votre souffle, vous tendez la main pour le saisir. Et c'est trempé de sueur que vous la refermez sur lui. Sans perdre une seconde, vous le passez autour du cou, puis vous vous avancez au bord de la terrasse pour observer la place où vous voyez quelques Kappas s'éloigner en direction du sud. La lune est déjà bien haut dans le ciel et, d'après vos calculs, la marée montante doit commencer à noyer les ruines de ce côté-là. C'est en vain que vous cherchez à vous en assurer en essayant de porter votre regard dans cette direction : il pleut toujours, et vous ne distinguez rien. Alors que vous vous apprêtez à rejoindre l'escalier, vous remarquez, à l'autre bout du parapet, un gros bloc de cristal ou de glace. Si vous voulez l'examiner de plus près, rendez-vous au **37**. Si vous préférez redescendre au rez-de-chaussée, rendez-vous au **241**.

307

Dans un bruit d'enfer, une Bourrasque s'engouffre dans le hall et, passant sous la vitre, s'introduit dans l'alcôve. L'espace de quelques instants, la harpe se balance violemment, prise dans ses tourbillons. Mais le fil d'or ne se rompt pas. Avant que vous ayez le temps de lancer un autre sortilège, vous entendez grincer les gonds de la grille. Rendez-vous au **141**.

308

Enfin, au bout d'un long et sinueux tunnel, vous pénétrez dans une salle jonchée de squelettes, la plupart tombant en poussière. Certains portent encore des lambeaux de cuirasse ou crispent leurs doigts décharnés sur une arme rouillée. Vous ne perdez pas de temps dans cet endroit et vous vous engouffrez dans un couloir qui s'ouvre devant vous. Rendez-vous au **219**.

309

D'un geste, les Kappas rappellent les Craboïdes qui se préparaient déjà à vous dévorer. Et, l'air mauvais, ils s'avancent vers vous.

Premier KAPPA	ENDURANCE : 12
Second KAPPA	ENDURANCE : 12

Lancez deux dés. Si vous obtenez :

de 2 à 4 : vous recevez deux blessures qui vous font perdre 6 points d'ENDURANCE ;

de 5 à 7 : vous recevez une blessure qui vous fait perdre 3 points d'ENDURANCE ;

de 8 à 12 : vous portez un coup d'épée à l'un de vos adversaires qui perd 3 points d'ENDURANCE.

Si vous parvenez à vaincre un Kappa, rendez-vous au **8**.

310

Grâce à l'extraordinaire pouvoir de l'Œil, vous allez pouvoir facilement vous rendre à Achtan avec Girius et les deux gardes. Vous surgissez donc brusquement devant l'Académie, bientôt entourés par les sages stupéfaits. Sans perdre de temps, vous pénétrez dans la grande salle où vous attend le Conseil. Girius fait un rapport complet aux Vénérables Membres, puis il prend place parmi eux. D'une voix solennelle, il déclare :

— Nous, Vénérables Membres du Conseil Supérieur des Hautes Révélations, ici rassemblés, tenons à vous remercier pour l'accomplissement de votre mission. Vous avez affronté des périls et des dangers sans nombre et réussi, grâce à votre science et à votre courage, à sauver l'Œil du Dragon des griffes infâmes des Kappas. Nous pensons que l'Œil devrait désormais rester dans un endroit sûr où nous pourrions étudier à loisir ses immenses pouvoirs. Mais nous ne pouvons, ni ne voulons, vous obliger à nous le laisser. Acceptez-vous, sans aucune contrainte, de nous en confier le dépôt ?

Vous dressant alors, vous déposez le joyau sur la table devant Girius qui hoche la tête en signe d'approbation.

— Voici une sage décision ! La possession d'un tel pouvoir aux mains d'un seul homme, fût-il aussi noble que vous, risque de le livrer à l'orgueil et à l'esprit du mal.

Non seulement vous l'approuvez, mais vous ajoutez :

— Il est encore une autre raison. Si je gardais par-devers moi un talisman d'une telle puissance, je n'aurais plus aucun mérite à réussir les missions qui me seraient confiées. Ainsi, l'Aventure perdrait pour moi tout attrait. Et je ne vis que pour l'Aventure.

Achevé d'imprimer
en juillet 2006
sur les presses de
la Société Nouvelle Firmin-Didot
Mesnil-sur-l'Estrée

Loi n° 49-956 du 16 juillet 1949
sur les publications destinées à la jeunesse

N° d'imprimeur : 80440
Dépôt légal : juillet 2006
1er dépôt légal dans la même collection : janvier 1997
ISBN : 2-07-054602-0

Imprimé en France

146527